Dia de Festa

receitas e histórias para comemorar

Companhia Editora Nacional

© Gisela Tomanik, 2009
© IBEP, 2022
Todos os direitos reservados

Edição
Célia de Assis

Preparação de Texto
Sylmara Beletti

Design gráfico
Titi Wessel

Diagramação
Spress Diagramação & Design

Revisão
Edgar Costa, Soraya Leme, Mauro Barros

1ª edição – São Paulo

Companhia Editora Nacional

Rua Cândido Fontoura, 468 – Jardim Boa Vista
São Paulo – SP – 05.583-0700 – Brasil
Tel.: (11) 2799-7799
atendimento@grupoibep.com.br

Dados internacionais de Catalogação na Publicação (CIP)
(Câmara Brasileira do Livro, SP, Brasil)

Berland, Gisela Tomanik
   Dia de festa: receitas e histórias para comemorar / Gisela Tomanik Berland; ilustrações Luciana Schiller. – São Paulo: Companhia Editora Nacional, 2010.

ISBN 978 85 04 01595-9

Culinária – Literatura infantojuvenil Festa – Literatura infantojuvenil 3. Poesia – Literatura infantojuvenil I. Schiller, Luciana. II. Título.

09-08534   CDD-028.5

Elaborado por Odilio Hilario Moreira Junior - CRB-8/9949

Índices para catálogo sistemático:
   1. Culinária 641
   2. Culinária 641

Dia de Festa
receitas e histórias para comemorar

Gisela Tomanik Berland
ilustrações **Luciana Schiller**

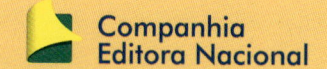

Companhia Editora Nacional

Para Marie Laure e Chloé,
luz e cor da minha vida...

...para Victor Hugo e Balzac,
meus poetas de quatro patas...

...e para ela e ele, amigos especiais,
que fazem do silêncio ao seu lado uma festa!

É FESTA

Você sabe quando é Natal e conhece o ritmo do Carnaval, o sabor da Páscoa... Sabe também cantarolar a "marcha nupcial" quando a noiva aparece. Sabe que vai soprar as velas no seu aniversário e que o Dia das Crianças é para brincadeiras e presentes.
Mas será que você sabe quando as festas começaram?

Como um conto de fadas que se repete várias vezes na nossa vida, a origem das festas é cercada de lendas e sua evolução, de magia. Porém não importa o motivo para festejar. Se você é o centro das atenções ou simplesmente mais um na multidão... Em dia de festa o mundo

parece diferente, a rua se enfeita, a casa se agita e toda a gente se prepara para viver um momento especial.
Os primeiros convidados a chegar são sempre a alegria e a esperança, e os últimos a deixar a festa são as lembranças que nos acompanham para sempre.

Com data e hora marcadas, além de alegrias inesperadas, as festas são pontos de luz e cor no preto e branco do dia a dia!
Este livro ajudará você a saber mais sobre as festas e como preparar comidinhas gostosas para comemorar. Bom proveito!

Gisela Tomanik

Lembre-se!

Para fazer um bom trabalho, é importante:
- ler atentamente a receita antes de começar a trabalhar;
- ter bastante tempo para executar o seu trabalho;
- proteger suas roupas com um avental;
- não ter pena de sujar as mãos;
- não ter preguiça de lavá-las;
- separar o material que você vai precisar;
- ter sempre o material à mão, limpo e seco;
- ter os ingredientes separados antes de começar o trabalho;
- usar sempre uma tábua para cortar os alimentos;
- medir com cuidado todos os ingredientes;
- limpar bem a superfície onde será feito o trabalho.

Antes de passar para uma nova etapa, é preciso:
- organizar e limpar o material enquanto trabalha;
- não ser interrompido durante a fase de acabamento;
- ser paciente;
- fazer com amor!

E não se esqueça:

• quando mexer com fogo, tenha sempre um adulto por perto.
• nunca deixe os cabos das panelas virados para fora do fogão;
• não mexa em aparelhos elétricos com as mãos molhadas;
• nunca jogue um líquido frio em um prato muito quente;
• nunca coloque um pirex quente sobre um tampo frio; ele pode estourar;
• nunca use panos úmidos ou molhados para tirar coisas do forno; vapor queima mais que calor;
• use sempre luvas para tirar um prato do forno;
• na cozinha, os gestos sempre se repetem, existem operações que você vai executar sempre, palavras e expressões culinárias que voltam a cada receita;
• você precisa saber de cor para que servem alguns materiais, qual a hora de usá-los e como empregá-los corretamente;
• existe uma faca para cada ingrediente e uma panela para cada alimento;
• a cozinha é como o baú de um feiticeiro: onde entram ingredientes e de onde saem pratos deliciosos em um passe de mágica.

A origem das Festas

A origem das festas

Era uma vez um homem que olhava para o céu
e contava as estrelas...
Depois contou os dias, os meses, os anos.
Viu do gelo brotar uma flor
E a força da ventania espantar o calor.

Ele era um só e depois era mais um.
Ele era ímpar e encontrou seu par.
Ele sentiu medo e depois teve fé!

Para lembrar cada passo
Dessa história milenar
Marcou no calendário
As datas para festejar.
Sua história de festas
Agora vou contar...

Você sabia?
A origem de todas as festas está no tempo... No tempo que passa de um ano ao outro; no tempo que esperamos uma nova vida; no tempo do amadurecimento das plantações etc.

O TEMPO

Observando o céu, o homem percebeu que sombra e luz se alternavam, dividindo um período de tempo, que se repetia sem parar.
Cada volta da luz marcava um novo dia.
Foi assim que o tempo começou a ser contado!

Dia e noite

Este manto encantado
Vou olhar com cuidado.

Ele pode ser escuro ou estrelado,
Todo azul, branco e iluminado.
Vai do quente ao gelado,
Até me deixa molhado.
Um dia ele está contra mim,
No outro está do meu lado.

Quando ele vai escurecendo
Começo a ficar preocupado.
Será que cairá sobre mim?
Ou dormirei sossegado?

Um "dia" equivale a um período de 24 horas, divididas entre dia e noite.

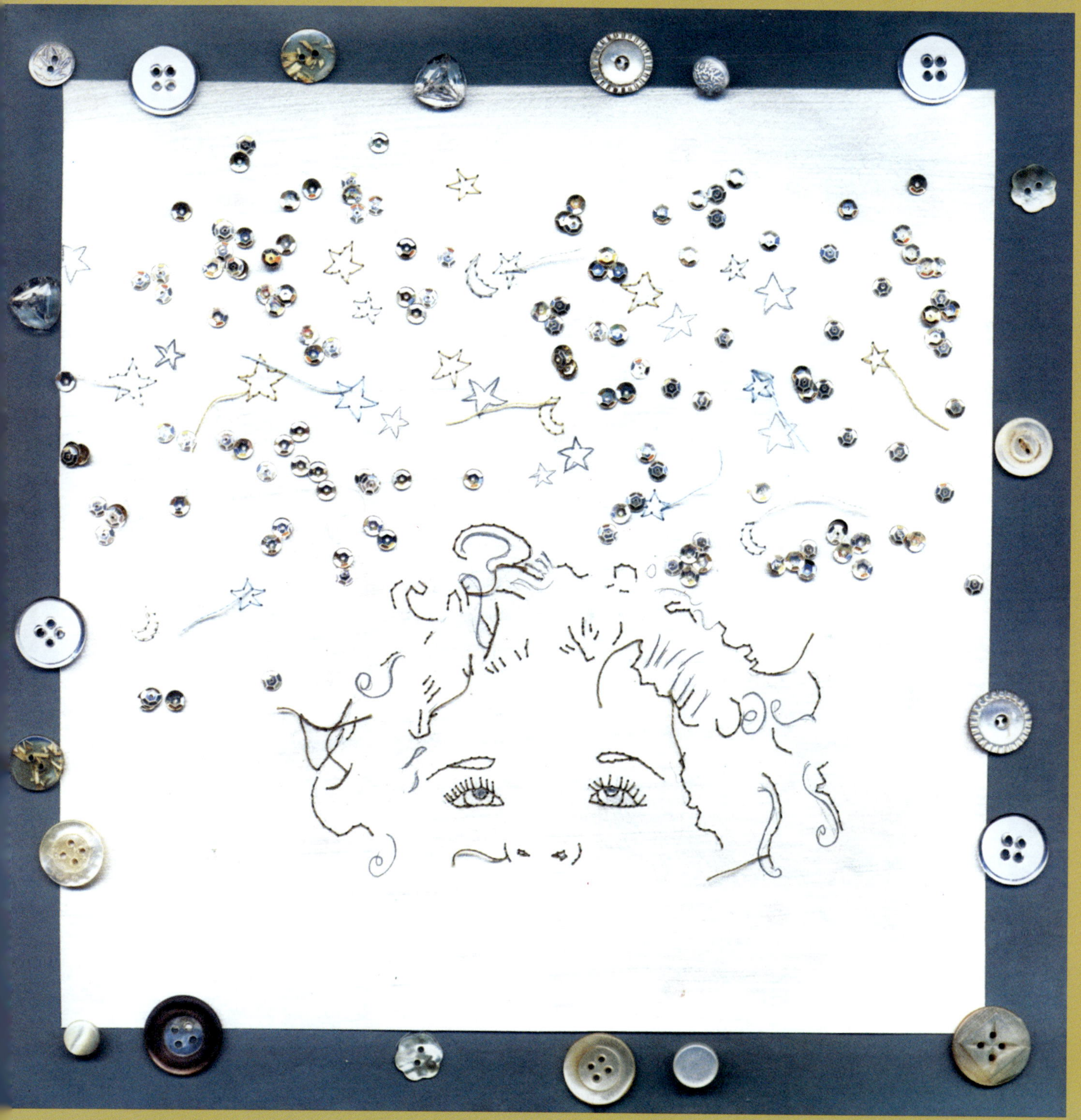

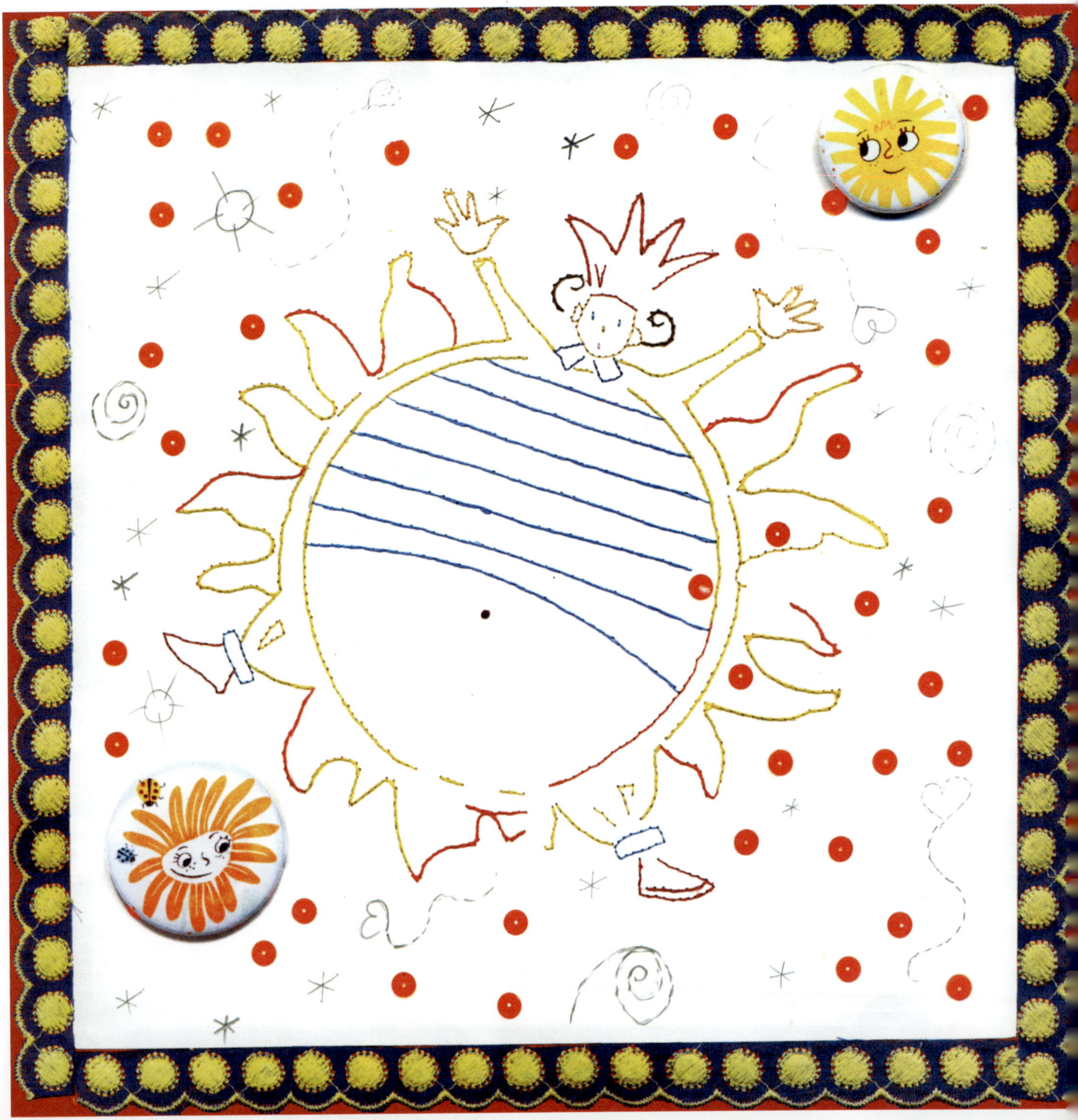

O Sol

Disse que sou gordo!?!
Isso eu já notei...
Diria mesmo redondo.
Pois saiba que não mudarei.

Sou querido e amado
Com o meu manto dourado.
Todos me adoram, eu sei.

Minha coroa de luz
Eu mesmo que fabriquei.
Se brilha mais no verão?
Nunca me perguntei.

Não mudo toda semana,
Sou assim e sempre serei.
Podem me chamar de Sol,
Mas meu nome é Astro-Rei!

Dividindo o tempo, Sol e Lua, dia e noite... Se o Sol parece sempre o mesmo, a aparência da Lua nunca é igual...

A Lua

Do nada, entre as estrelas
Surge uma fatia de prata.
A cada noite um ponto,
Crescente,
A esfera é bordada!
Cheia de luz ficará,
Para ser admirada.
De repente vai minguando...
Ponto a ponto, de volta ao nada.
Alguns dias fica apagada...
Então, do nada, entre as estrelas
Reaparece a linha encantada.

Você sabia?

A Lua não tem luz própria, ela empresta a luz do Sol. A parte iluminada, visível aqui da Terra, determina a fase em que a Lua está: nova, crescente, cheia ou minguante.

Foram as fases da Lua, com cada ciclo contando sete dias, que determinaram a duração da semana, e os quatro ciclos completos, durando 29,5 dias, estabeleceram a duração do mês.

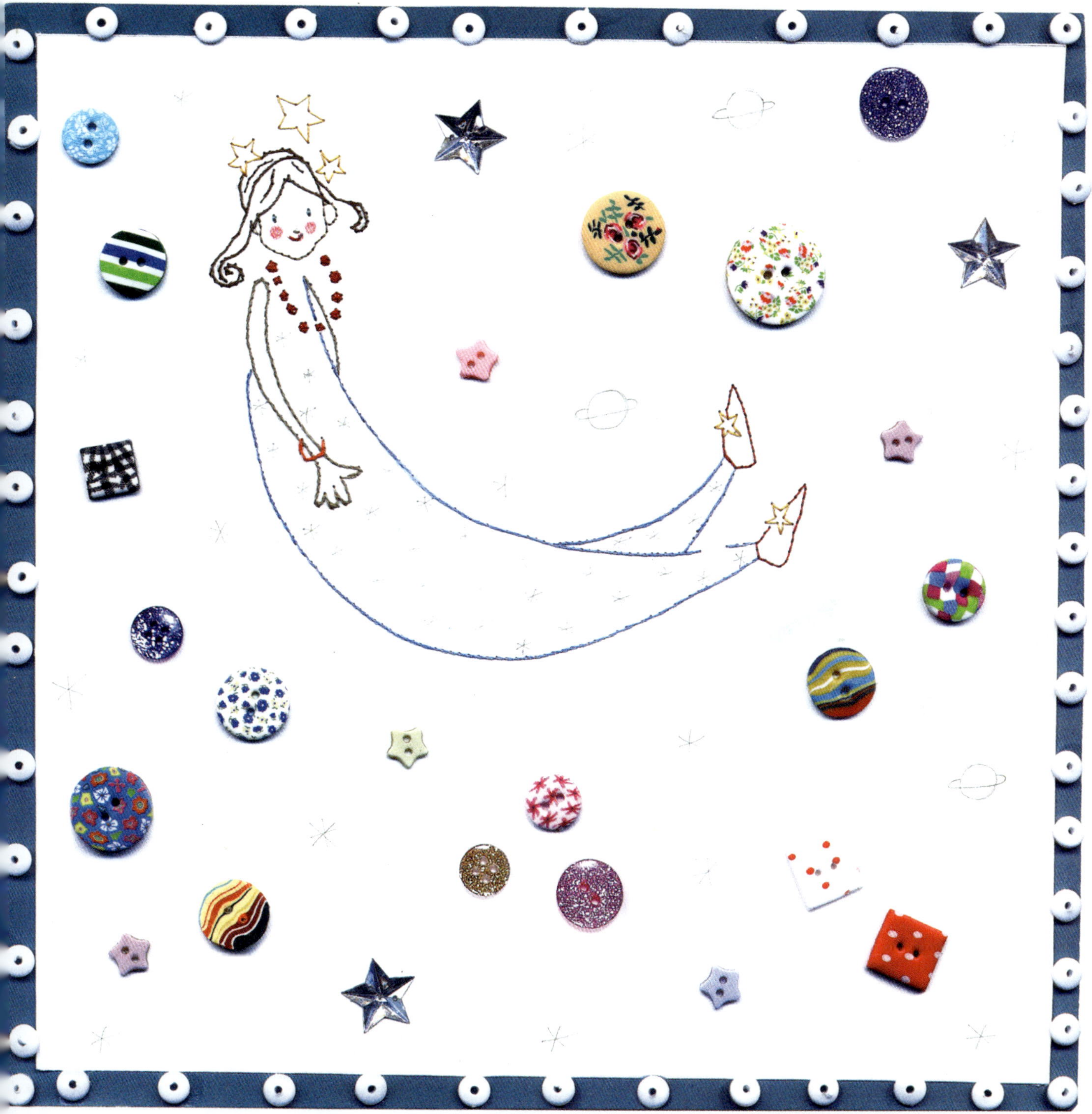

Interessante...
As fases da Lua influenciam as marés, os nascimentos, as lavouras e o crescimento dos cabelos. Muitas são as superstições que envolvem as fases da Lua, sobretudo a cheia, também chamada de lua dos lobisomens, das bruxas etc. Dizem que as pessoas ficam mais nervosas e até dormem mal nesse período.

～

Mesmo sem dominar o misterioso funcionamento dos astros, o homem começava a contar o tempo. Mas o que determinava as estações? O frio, depois as flores e o verde, o calor e o sol ardente e, por fim, as folhas secas e os ventos anunciando o frio novamente e as sombras?

Solstício e equinócio

Estações em sintonia,
Acordes e sinfonia,
Vivaldi já entendia
Que equinócio é equilíbrio
Entre a noite e o dia,
Quando dançam Sol e Terra
Face a face em harmonia.
É primavera ou outono
A nova estação que inicia.

Seguindo a melodia,
Solstício o que seria?
Enquanto a Terra se inclina
O Sol se distancia.
A face que se ilumina,
A diferença anuncia:
Curta a noite, longo o dia,
O verão principia.
Mas quando o vento assobia
Que a noite será longa e fria
É chegado o inverno,
Curto será o dia!

Por se repetirem a cada ano na mesma data, esses fenômenos marcaram o calendário, as festas, o plantio e a colheita, ritmando a vida dos primeiros povos que viviam no hemisfério Norte. Muitas datas festivas que guardamos até hoje seguiram os solstícios e equinócios daquela região do planeta.

Abrindo cada estação, um fenômeno anuncia a mudança...

O outono e a primavera são marcados pelo equinócio, fenômeno que ocorre quando o Sol ilumina a Terra, de norte a sul, deixando o dia e a noite com a mesma duração. Os solstícios são diferentes: no verão os dias são longos e no inverno as noites são longas, porque o Sol ilumina por mais tempo um dos hemisférios.

Você sabia?

Para entender e estudar melhor a Terra, ela foi dividida por uma linha imaginária, a linha do Equador, que forma dois hemisférios. Quanto mais perto dessa linha, mais quente o clima, porque o Sol sempre ilumina e aquece essa parte do globo.

Quando é inverno no hemisfério Sul, é verão no hemisfério Norte, e quando é outono no Sul, é primavera no Norte. As estações são sempre invertidas nas duas metades da Terra.

As estações

Primavera
(Norte: 21 de março / Sul: 23 de setembro)
Acorda, vida adormecida!
O Sol já começa a brilhar.
A natureza agradecida
Se veste de flores para festejar.

Verão
(Norte: 21 de junho / Sul: 21 de dezembro)
O Sol aquece os campos
E vem a chuva regar.
Vamos colher os frutos
Que a natureza vai dar.

Outono
(Noite: 23 de setembro / Sul: 21 de março)
É hora de se preparar...
Se as árvores mudam de cor
E o Sol perde o seu calor,
Logo o frio vai chegar.

Inverno
(Norte: 21 de dezembro / Sul: 21 de junho)
As noites são mais longas,
O Sol parece se afastar.
A vida adormece e espera
A primavera voltar.

janeiro março Abril

fevereiro maio

Primavera verão outono inverno

junho julho agosto setembro outubro Novembro dezembro

O CALENDÁRIO

Conhecendo os dias, os meses e as estações, o homem passou a organizar a contagem do tempo, criando o calendário.

Você sabia?
Alguns calendários antigos utilizavam as fases da Lua para contar os meses – outros se baseavam no ritmo das estações – determinado pelo Sol.

Egípcio

Um dos primeiros calendários que conhecemos é o egípcio, que data de 5000 a.C. Baseado nas estações, no Sol e possuía 365 dias.

O ano era dividido em doze meses e os meses, em três estações, que seguiam os movimentos do rio Nilo e do cultivo feito nas suas proximidades.

Hebraico

O calendário babilônico foi o primeiro calendário lunar, ele é base do calendário hebraico ou judaico, que conta o tempo a partir do dia da criação do mundo para os judeus, em outubro de 3761 a.C.

O ano é dividido em doze lunações, ou seja, doze ciclos completos da Lua.

Muçulmano

O calendário muçulmano divide o ano em doze meses, ou luas, e conta o tempo a partir da fuga do profeta Maomé de Meca para Medina, em julho de 622 d.C.

Romano

O primeiro calendário romano data de 753 a.C. Os meses já tinham o nome atual; os primeiros eram dedicados aos deuses: março a Marte, abril a Apolo, maio a Júpiter e junho a Juno.

No ano 46 a.C., o imperador Júlio César organizou o calendário solar com 365 dias e um ano bissexto de 366 dias a cada quatro anos. A ampliação do império romano difundiu este calendário entre vários povos.

Com o passar do tempo, os romanos perceberam que havia uma diferença de algumas horas na sua contagem... Um ano tem aproximadamente 365 dias e seis horas. Para corrigir essa diferença, em 1582 d.C., o papa Gregório XIII reuniu vários cientistas e astrônomos e modificou o calendário para o que é adotado até os dias de hoje. Por isso, o chamamos de Calendário Gregoriano.

Você sabia?

Desde que os dias da semana começaram a ser contados, foram dedicados aos deuses e aos astros.

A semana
(origem latina)

Domingo – dia do Senhor e do Sol (Dies Solis)
Astro-Rei, que afasta as trevas,
A tua luz nos aquece.
E a colheita amadurece.
Domingo será seu dia
Para o descanso e a prece.

Segunda-feira – dia da Lua (Dies Lunae)
Depois do Sol vem a Lua,
A noite que apaga o dia...
A data do nascimento,
A maré cheia ou vazia,
Para plantar ou colher
É a Lua que nos guia.

Terça-feira – dia de Marte (Dies Martis)
Poderoso senhor dos céus,
Protege as plantações...
É também o deus da guerra
Que controla os povos da Terra
E o destino das nações.

Quarta-feira – dia de Mercúrio (Dies Mercurii)
Viajante, mercador,
Ladrão e comerciante,
Por serem tão importantes
Mercúrio é seu protetor.

Quinta-feira – dia de Júpiter (Dies Jovis)
O soberano dos deuses.
Deu a Netuno o mar
E a Plutão os infernos.
Mas o céu e a Terra
Ele preferiu guardar.

Sexta-feira – dia de Vênus (Dies Veneris)
Nascida da espuma do mar
Para a beleza espalhar,
Trazer ao mundo harmonia,
Dar amor e encantar...
Sexta-feira será o seu dia.

Sábado – dia de Saturno (Dies Saturni)
Querido pelos romanos,
Por júpiter foi destronado.
O seu dia da semana
Perdeu-se ao longo dos anos
E de *Shabbath* foi chamado.

Montanhas da Lua
de 3 a 6 anos

Utensílios
- bacia média
- assadeira grande
- xícara de medida
- papel-alumínio ou papel-manteiga
- batedeira

Ingredientes
3 xícaras de coco ralado
1 xícara de amêndoas picadas.
2/3 de xícara de leite condensado
1 colher de chá de essência de baunilha
2 claras de ovos
1 pitada de sal
óleo para untar a assadeira

Dica: Se você não quiser usar amêndoa, poderá retirá-la da receita, acrescentando mais ½ xícara de coco ralado.

Modo de preparar

1. Peça para a mamãe acender o forno a 180°C.
2. Coloque o papel-alumínio ou o papel-manteiga no fundo de uma assadeira grande.
3. Passe óleo no papel.
4. Misture o coco ralado e as amêndoas.
5. Coloque na bacia média o leite condensado, a baunilha, o coco ralado e as amêndoas. Misture bem e reserve.
6. Coloque as claras e o sal na batedeira (peça ajuda para um adulto) e bata até que as claras estejam em neve, branquinhas e durinhas, formando picos.
7. Misture as claras e a outra mistura bem devagar, fazendo o movimento de baixo para cima.
8. Com uma colher de chá, pegue a massa e faça montinhos, bem separados uns dos outros na assadeira:
9. CHAME A MAMÃE.
10. Leve ao forno por 10 ou 12 minutos, até que as bordas comecem a dourar.
11. Deixe esfriar e retire do papel.

Arroz da primavera
de 3 a 6 anos

Ingredientes
2 xícaras de arroz cozido
½ xícara de palmito picado (sem o caldo)
½ xícara de seleta de legumes
1 caixinha de creme de leite
1 colher de sopa de creme de cebola (em pó)
1 pacote de queijo ralado (100 gramas)
salsinha picada

Utensílios
- bacia pequena
- bacia média
- abridor de latas
- xícara de medida

Modo de preparar
1. Misture o palmito, os legumes e o arroz em uma bacia média.
2. Em uma bacia pequena, junte o creme de leite, a sopa de cebola e metade do queijo ralado.
3. Junte os ingredientes das duas bacias.
4. CHAME A MAMÃE.
5. Coloque no forno de micro-ondas.
6. Cozinhe em potência máxima por 3 ou 4 minutos.
7. Retire do forno, polvilhe salsinha e o resto do queijo ralado.

Dica: você pode substituir a seleta de legumes e o palmito por brócolis e couve-flor. Pode adicionar vagens, tomates em cubos, milho etc. Quanto mais colorido, melhor!

Torta Tata Simone
a partir de 6 anos

Ingredientes
80 gramas de manteiga
2 ovos
6 colheres de sopa de farinha de trigo
6 colheres de sopa de leite
6 colheres de sopa de açúcar
1 colher de chá de essência de baunilha
2 colheres de chá de fermento em pó
4 maçãs ou 4 peras cortadas em fatias

Utensílios
- bacia pequena
- bacia média
- prato refratário
- faca sem ponta

Modo de preparar
1. CHAME A MAMÃE
2. Coloque a manteiga na bacia pequena e leve ao forno de micro-ondas para derreter por 1 minuto.
3. Acenda o forno.
4. Misture os outros ingredientes na bacia média.
5. Junte as maçãs (peras) e a manteiga derretida.
6. Coloque a mistura no prato refratário.
7. Asse em forno a 180 °C, por 45 minutos.

Torta de frutas
a partir de 10 anos

Utensílios
- bacia média
- panela média
- fôrma de torta
- liquidificador ou processador
- faca sem ponta

Ingredientes
frutas variadas (pêssego, maçã, pera, morango etc.)
1 pacote de bolacha maisena
100 gramas de manteiga
1 colher de sopa de amido de milho
1 lata de leite frio
1 colher de chá de essência de baunilha
1 lata de leite condensado
3 gemas

Modo de preparar

1. Escolha as frutas da estação.
2. Lave, enxugue e corte as frutas em pedaços grandes ou fatias. Reserve.
3. Bata as bolachas no liquidificador até virar farinha.
4. Em uma bacia média, misture a farinha obtida das bolachas e a manteiga até formar uma massa.
5. Forre o fundo de uma fôrma com essa massa, apertando bem com as costas de uma colher, no fundo e nas bordas.
6. Leve à geladeira para endurecer.
7. Na panela, dissolva o amido de milho no leite e junte a baunilha.
8. Misture todos os outros ingredientes e leve ao fogo brando até engrossar.
9. Recheie a torta com esse creme, cubra com as frutas variadas, deixe esfriar e sirva.

Dica: você pode fazer uma torta de coco, utilizando bolacha de coco e adicionando coco ralado ao creme.
Experimente servir a torta com creme chantili.

Fondue de queijo para crianças
a partir de 10 anos

Ingredientes
½ litro de creme de leite fresco
½ copo de leite
sal e pimenta-do-reino
100 gramas de queijo prato ralado
300 gramas de queijo *ementhal*,
gruyère ou *maasdam* ralado
cubos de pão tipo baguete

Utensílios
- panela esmaltada para fondue
- garfinho de fondue
- ralador
- faca sem ponta
- faca de pão

Modo de preparar
1. Coloque o creme de leite e o leite na panela esmaltada.
2. Tempere com sal e pimenta-do-reino.
3. Quando o creme estiver quente, junte os queijos ralados e mexa devagar, sem parar, até obter um creme grosso.
4. Espete pedaços de pão e mergulhe no creme de queijo.

Dica: experimente trocar o pão por brócolis, cubos de batata cozida, cenoura ou algum legume de sua preferência.

Sanduíche papyrus
de 3 a 6 anos

Utensílios
- faca sem ponta
- assadeira

Ingredientes
pão árabe tipo folha
manteiga
fatias de queijo prato ou muçarela
fatias de presunto

Modo de preparar
1. Abra cada fatia de pão separadamente.
2. Passe manteiga na fatia de pão.
3. Cubra a fatia com uma camada de queijo.
4. Cubra o queijo com uma camada de presunto.
5. Enrole o sanduíche como um papiro.
6. CHAME A MAMÃE.
7. Corte o sanduíche em pedaços e arrume-os em uma assadeira.
8. Leve ao forno preaquecido a 180 °C por 8 ou 10 minutos.

Brigadeiro de mel
A partir de 10 anos

Ingredientes
1 lata de leite condensado
1 colher de sopa de farinha de trigo
½ lata de mel (use a lata de leite condensado para medir)
½ colher de sopa de manteiga
granulado colorido

Utensílios
- panela média
- prato fundo
- forminhas de papel

Modo de preparar
1. Misture o leite condensado com a farinha de trigo.
2. Junte o mel e a manteiga.
3. Leve ao fogo baixo sem parar de mexer.
4. Quando o doce soltar do fundo da panela, retire do fogo e deixe esfriar.
5. Passe manteiga nas mãos e faça bolinhas do doce.
6. Coloque granulado colorido no prato fundo.
7. Passe as bolinhas no granulado e coloque-as em forminhas de papel.

Patê de azeitonas
de 3 a 6 anos

Utensílios
- processador
- xícara de medida

Ingredientes
1 xícara de ricota fresca
1 colher de sopa de azeite de oliva
1 colher de sopa de creme de leite
2 colheres de sopa de azeitona preta sem caroço

Modo de preparar
1. Coloque todos os ingredientes no processador e bata até obter um creme.

Dica: você pode temperar seu patê com ervas, como manjericão ou alecrim, e até substituir as azeitonas pretas por queijo parmesão e ervas ou tomates secos para obter outros sabores de patê.

Shake de uva
De 3 a 6 anos

Utensílios
- liquidificador
- xícara de medida
- peneira

Ingredientes
1 cacho de uvas sem caroço
½ xícara de suco de uva
2 colheres de sopa de sorvete de limão
cubos de gelo
açúcar a gosto

Modo de preparar
1. Bata todos os ingredientes, exceto o açúcar, no liquidificador.
2. Adoce a seu gosto.
3. Se preferir, coe o shake.

Tortinha ensolarada
a partir de 10 anos

Ingredientes
Massa
250 gramas de farinha de trigo
125 gramas de manteiga
2 colheres de sopa de açúcar
2 gemas
uma pitada de sal

Recheio
6 ovos
suco de 3 limões e raspas de 2 limões
400 gramas de açúcar
100 gramas de manteiga

Utensílios
- bacia média
- panela média
- ralador
- espremedor de suco
- copo de medidas ou balança
- forminhas individuais para torta ou empadinha

Modo de preparar
1. Na bacia média, misture todos os ingredientes da massa e reserve.
2. Coloque os ingredientes do recheio em uma panela média e misture.
3. Leve ao fogo baixo até o creme engrossar.
4. Forre o fundo das forminhas de metal com a massa.
5. Acenda o forno.
6. Rechcie as forminhas com o creme ainda morno.
7. Leve ao forno (180 °C) para assar por 20 a 25 minutos.

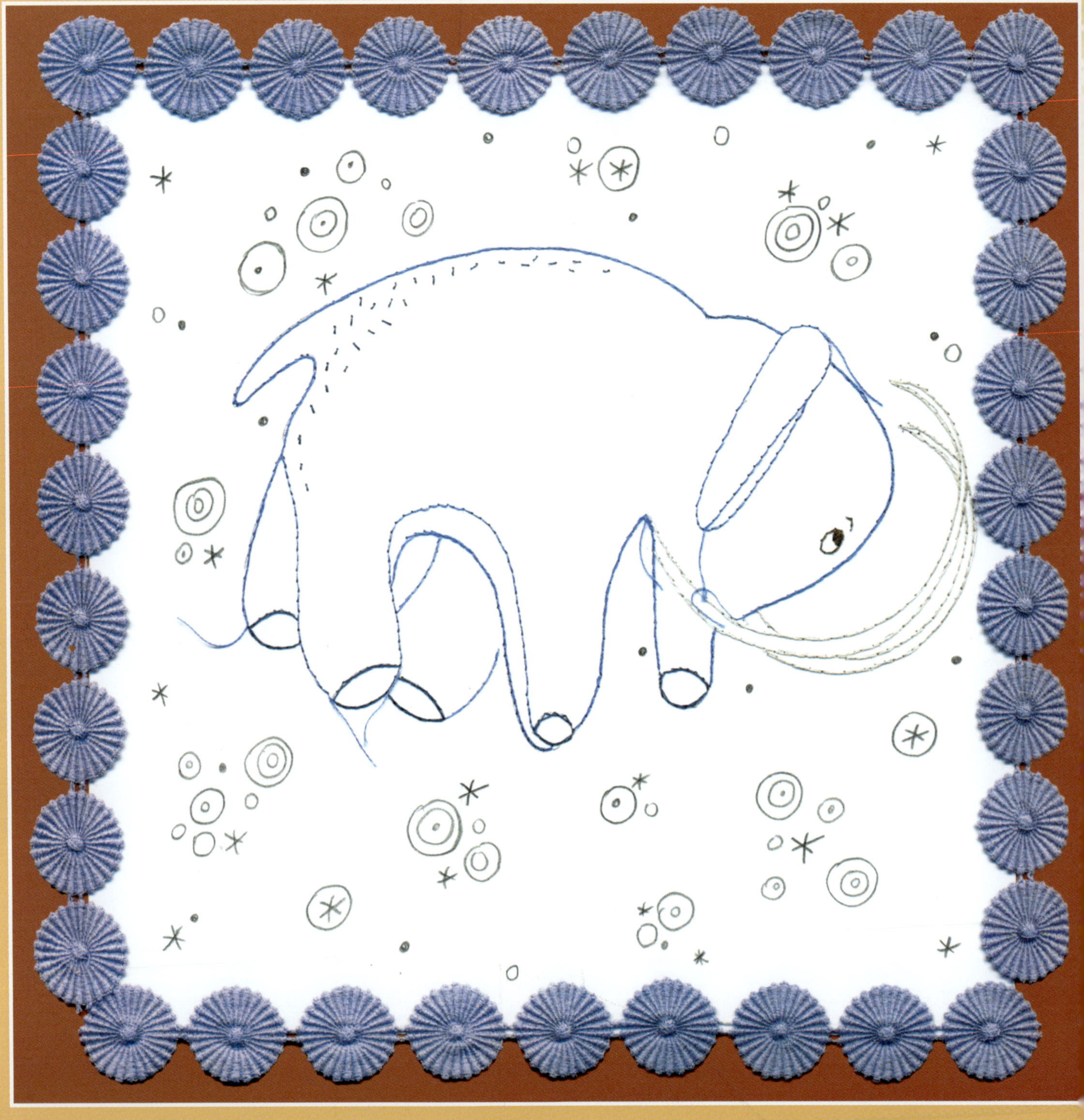

FESTAS POPULARES

São as comemorações que reúnem as pessoas, independentemente de raça, idade ou religião.

Alguém caçou um mamute,
Um bicho muito grandão.
Mas era carne demais
Para uma só refeição.

Havia outro problema...
A tal conservação.
Mas para todo dilema
Existe uma solução!

Convidaram os vizinhos
Das cavernas da região
E prepararam a primeira
Festa da civilização.

Você sabia?
Os primeiros homens caçavam animals pequenos. Com a evolução dos instrumentos de caça, o homem passou a caçar animais maiores. A dificuldade em armazenar as grandes presas aproximou os homens e abriu as portas para as reuniões e as festas.

Ano-novo

Uma cortina de estrelas
Recobre a escuridão,
Um segundo de silêncio...
De repente a explosão!
Estouram luzes no céu,
Pessoas se abraçam no chão.

Um novo ano começa:
Promessa e renovação,
Votos de saúde, dinheiro
E muito amor no coração!

Você sabia?
Que há 4 mil anos o ano-novo já era comemorado pelos babilônios? No início da primavera (hemisfério Norte), quando as plantações eram semeadas, as festividades marcavam o recomeço do ciclo das lavouras e da vida.

saúde

paixão

paz

$

dinheiro

Meia-noite

Encha a taça para o brinde,
Segure na sua mão,
Agora dê três pulinhos
Com o pé direito no chão.

Uma nota no sapato,
Uma fita cor de ouro,
Não deixe os bolsos vazios
Para não perder seu tesouro.

Algumas folhas de louro
Ou sementes de romã
A magia da meia-noite
Transforma em talismã.

31 grãos de milho
De uma espiga bem dourada,
12 bagos de uva,
Uma para cada badalada.

Galinha?
Cisca para trás.
Por isso, nem experimente!
Prefira carne de porco
Porque ele fuça pra frente.
Se quiser prosperidade,
Um bom prato de lentilhas
Pode ser frio ou ser quente.

E para atrair a sorte,
Tente uma reza forte
E um punhado de sal.
Pode não dar resultado,
Mas também não vai fazer mal.

Você sabia?

Superstição é universal! Cada povo tem a sua, cada família e cada pessoa sabem alguma coisa para ter sorte, se proteger etc. Algumas "mandingas" cruzaram os mares, traduzidas de outros idiomas e dialetos, e hoje fazem parte da nossa cultura.

Rainha do mar

Iemanjá

Iemanjá

É noite de ano-novo,
De branco eu vou te saudar
Linda rainha das ondas,
Doce sereia do mar.

Levarei água de cheiro,
Mimos pra te enfeitar,
Pentes e um espelho
Para você se olhar.

Pularei sete ondas
Além da arrebentação,
Te darei rosas brancas
Em troca de proteção!

Você sabia?
O branco é a cor do ano-novo no Brasil, cor da paz, cor das roupas do candomblé...

Pulamos sete ondas no ano-novo para invocar os poderes de Iemanjá, para nos purificar e ter sorte o ano todo. Essa tradição vem da África.

Na umbanda e no candomblé, o número sete é considerado um número ligado a espiritualidade. São sete os dias da semana e também os chacras, os centros de força e energia do corpo.

Iemanjá, a deusa protetora dos pescadores, também é chamada de Janaína e de Nossa Senhora da Conceição.

Interessante...
O branco não é falta de cor. Ao contrário, o branco contém todas as cores, pois reflete toda a luz; e está associado com a pureza e a mudança.

Os alimentos de cor branca são principalmente o leite e seus derivados, como: alho, cebola, cogumelo, couve-flor, feijão-branco, maçã, mandioca, nabo, palmito, pera, pinha, rabanete.

Ano-novo judaico *(Rosh hashana)*

Ouça o toque do shofar
Anunciando o momento
De festa e de julgamento.
O ano já vai terminar.

Um novo ano começa.
Tempo de renovação,
É o aniversário do mundo,
O dia em que Deus criou Eva
Depois de criar Adão.

Tradições alimentares
Maçã: para um ano bom e doce.
Mel: representa a esperança.
Chalot: tipo de pão redondo, simboliza a continuidade e a eternidade, como o círculo que não tem início nem fim.

Também fazem parte do cardápio dessa festa: alho-poró, acelga, tâmara, abóbora ou moranga, feijão-roxinho, romã, peixe e cabeça de carneiro. Alimentos temperados com vinagre e raiz forte devem ser evitados para não ter um ano amargo.

Ano-novo chinês

Buda e a sabedoria...

Para marcar este encontro
Uma festa ele daria!
O convite dizia:
A sombra da velha figueira,
À tal hora em tal dia.

A festa seria animada,
Uma grande alegria,
Com toda a bicharada,
Do leão à cotovia.

Buda ficou esperando,
Vendo passar o dia.
Só doze animais vieram.
A festa ficou vazia.

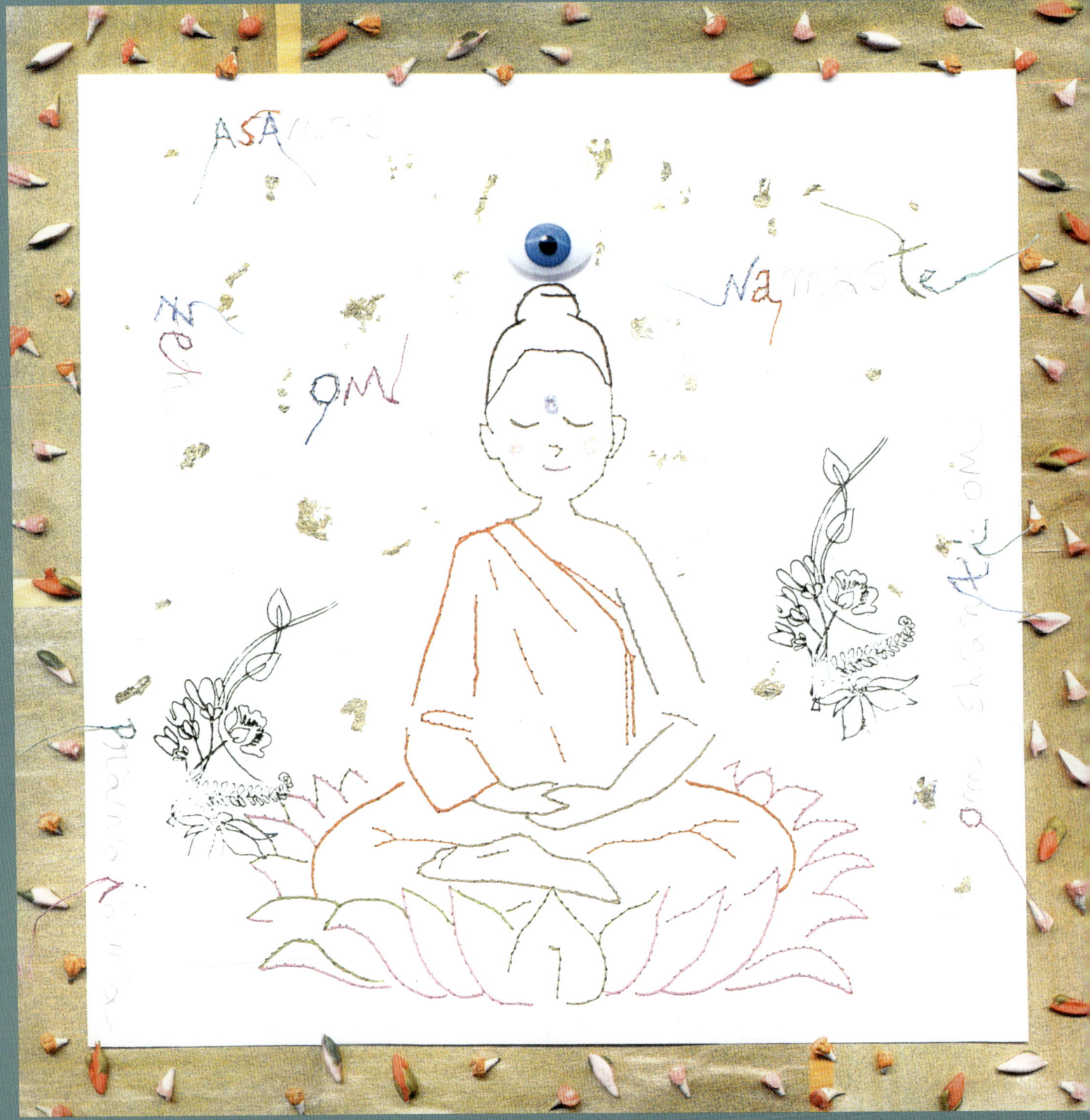
Namaste
om

Você sabia?
Para honrar seus convidados, Buda deu a cada animal um ano do calendário chinês. Os doze animais são: rato, búfalo, tigre, coelho, dragão, serpente, cavalo, cabra, macaco, galo, cachorro e porco. O animal do ano do nascimento representa o signo da pessoa no horóscopo chinês. O ano-novo chinês acontece no fim de janeiro ou começo de fevereiro.

Rituais do ano-novo chinês
No primeiro dia dos festejos, é tradição comer arroz glutinoso com feijão-vermelho, preparados na véspera.

Alguns dias depois é a vez de fazer oferendas ao deus da cozinha, que cuida dos lares e leva o relatório de cada família para o imperador dos céus. Quanto melhores as oferendas, melhor será o relatório.

Então chega o dia de limpar as impurezas das casas e de seus donos, alguns chegam a pintar as casas para que tudo pareça novo.

Este é o dia do deus Porta. Papéis com mensagens positivas de sorte e saúde são usados para decorar as portas. Tudo o que é velho é deixado de lado e substituído por coisas novas. Deve-se usar roupas novas no ano-novo.

Colam-se papéis com a inscrição "sempre cheio" nos recipientes de arroz, para garantir um ano de abundância.

A véspera do ano-novo é o dia do jantar de família, um banquete com galinha, camarões, algas e mariscos.

Toda a comida deve ser preparada antes do ano-novo. As facas, tesouras e todos os objetos cortantes são guardados para não cortar a boa sorte.

Depois da meia-noite começam os fogos de artifício e as trocas de votos entre amigos e familiares.

Muitas pessoas vão aos templos e pedem a bênção dos deuses.

No primeiro dia do ano, o almoço em família é vegetariano; homenageia o deus do céu e da Terra, e não é bom comer animais. É o dia do nascimento do galo.

O segundo dia é para visitar amigos e parentes; é o dia do aniversário de todos os cães, que recebem refeições especiais.
O terceiro é o dia dos conflitos, e os chineses evitam sair de casa. Para alguns, é o dia do espírito da pobreza.

No quarto dia, os genros visitam os sogros; é o aniversário da cabra.

O quinto dia é do deus da fortuna, dia de voltar ao trabalho. É o dia do aniversário do búfalo, e o dia seguinte, do cavalo.

O sétimo dia é o aniversário de todas as pessoas, quando todos ficam um ano mais velhos. Para algumas pessoas, esse dia é ainda mais importante do que o dia do seu nascimento.

No oitavo dia as famílias se reúnem para um jantar à meia-noite em homenagem ao deus do céu.

No dia seguinte, não se deve secar roupa ao sol.

O décimo dia é da mãe-água, e nenhuma roupa deve ser lavada.

Enfim, as comemorações se encerram com o festival das lanternas.

Lombinho com cereja
a partir de 6 anos

Ingredientes
1 filé-mignon de porco (400 gramas)
1 cebola ralada
1 colher de sopa de molho inglês
4 colheres de sopa de água
2 colheres de sopa de vinagre de vinho
mostarda
pimenta-do-reino
1 vidro de cereja em calda

Utensílios
- bacia pequena
- assadeira

Modo de preparar
1. CHAME A MAMÃE
2. Coloque o lombinho na assadeira.
3. Ligue o forno
4. Na bacia pequena, junte todos os ingredientes, menos a cereja em calda.
5. Misture bem o tempero.
6. Cubra o lombinho com o tempero.
7. Leve ao forno (200 °C) para assar por 30 minutos.
8. Retire do forno, despeje a cereja e sua calda sobre o lombinho.
9. Volte ao forno por 10 minutos para caramelizar.

Musse chip choc branco
a partir de 6 anos

Utensílios
- batedeira
- panela pequena
- tigela

Ingredientes
150 gramas de chocolate branco picado
1 lata de leite condensado
2 xícaras de chantili batido na batedeira sem açúcar
50 gramas de gotas de chocolate

Modo de preparar
1. CHAME A MAMÃE
2. Coloque o chocolate e o leite condensado na panela e leve ao fogo brando para derreter.
3. Deixe esfriar.
4. Na tigela, misture o chocolate com o creme chantili e as gotas de chocolate.
5. Leve para gelar por 3 horas.

Salada de macarrão chinês
a partir de 10 anos

Utensílios
- frigideira antiaderente pequena
- faca sem ponta
- tábua de corte
- bacia pequena
- bacia média
- lavador de salada
- saladeira

Ingredientes
1 alface americana
5 fatias de presunto
3 ovos
sal e pimenta-do-reino
azeite de oliva
1 copo de iogurte
1 pacote de macarrão instantâneo sabor tomate
gotas de molho shoyu
suco de ½ limão

Modo de preparar

1. Solte as folhas de alface do pé.
2. Junte as folhas, enrole e corte em tirinhas.
3. Lave a alface no lavador apropriado e enxugue. Reserve.
4. Corte o presunto em tirinhas e reserve.
5. Quebre os ovos na bacia média, tempere com sal e pimenta-do-reino e bata ligeiramente.
6. Esquente a frigideira com um pouco de azeite.
7. Despeje os ovos na frigideira e cozinhe como omelete.
8. Corte o omelete em tiras.
9. Arrume na saladeira a alface, o presunto e o omelete.
10. Na bacia pequena, junte o iogurte, o tempero do macarrão, o shoyu, o azeite e o suco de limão. Misture.
11. Despeje o molho sobre a salada e mexa bem.
12. Por último, polvilhe o macarrão (cru) quebrado com as mãos por cima da salada.

Camarão empanado
a partir de 10 anos

Utensílios
- bacia média
- bacia pequena
- frigideira para fritura
- papel absorvente
- escumadeira

Ingredientes
1 ovo
2 colheres de sopa de farinha de trigo
2 colheres de sopa de amido de milho
uma pitada de sal
1 colher de chá de fermento em pó
óleo para fritar
camarões limpos
1 colher de chá de molho shoyu
4 colheres de sopa de ketchup

Modo de preparar

1. Quebre o ovo na bacia média e misture com um pouco de água.
2. Junte a farinha, o amido e uma pitada de sal.
3. Por último junte o fermento e misture.
4. Aqueça a frigideira com óleo.
5. Passe os camarões na massa e frite em seguida.
6. Vire cada camarão para que fique bem dourado.
7. Retire do fogo e escorra em papel absorvente.
8. Prepare o molho: misture em uma bacia pequena o shoyu e o ketchup.

Bolo de mel
acima de 10 anos

Utensílios
- assadeira redonda
- xícara de medida
- 2 bacias médias
- batedeira

Ingredientes
manteiga e farinha de rosca para untar
1 xícara de creme de leite
1 xícara de mel
1 colher de chá de canela em pó
1 colher de chá de noz-moscada
1 colher de chá de cravo em pó
2 ovos
2 colheres de sopa de manteiga (temperatura ambiente)
3 xícaras de farinha de trigo
1 xícara de açúcar
1 colher de sopa de bicarbonato de sódio

Modo de preparar

1. Unte uma assadeira redonda.
2. Acenda o forno a 180 °C.
3. Junte o creme de leite, o mel e as especiarias e leve ao micro-ondas por 1 minuto em potência máxima.
4. Bata os ovos com a manteiga na batedeira até obter um creme claro.
5. Junte, aos poucos, o creme com mel, alternadamente com a farinha de trigo e o açúcar.
6. Pare de bater e adicione o bicarbonato, delicadamente.
7. Leve para assar por 15 a 20 minutos.
8. Teste com um palito para saber se o bolo está pronto.

Dica: você pode adicionar raspas de laranja, uva-passa, pedaços de damasco ou qualquer fruta seca que gostar. Para a cobertura: chocolate ao leite derretido, geleia etc.

Carnaval

Chuva de confete e serpentina,
Fantasia de Pierrô e Colombina
É o reinado de Momo
E meu povo se anima.
Sombrinhas de frevo,
Abadás na Bahia,
Avenida do samba,
O Brasil é alegria.
Todo mundo dançando,
O som contagia.
Entre nesse bloco,
Carnaval é folia!

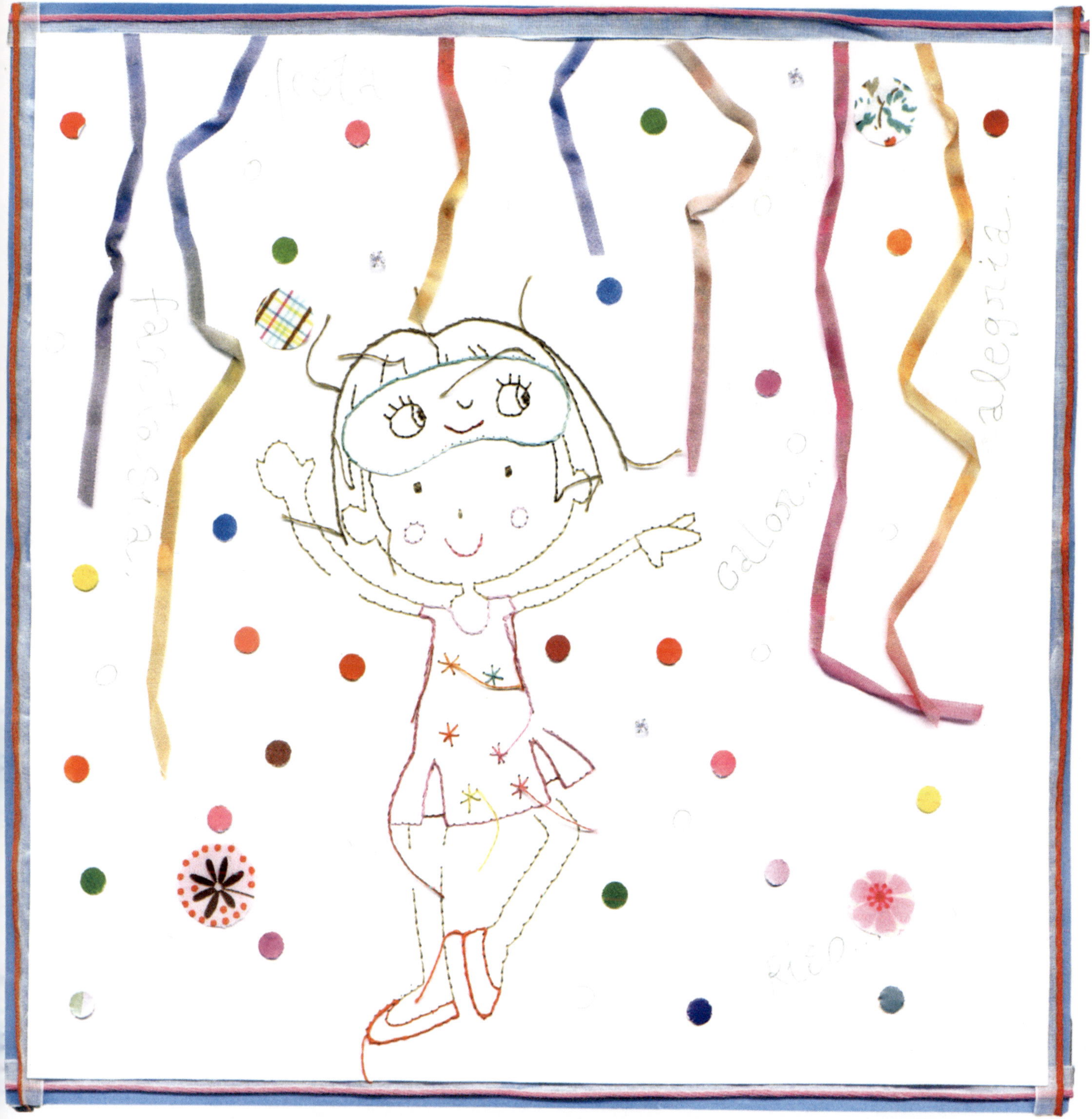
festa
fantasia...
calor...
alegria
riso...

Você sabia?

Há mais de 6 mil anos, às margens do rio Nilo, começa a história do Carnaval, com danças e festejos nos rituais de fertilidade em honra à deusa Ísis. Seguiram-se os festejos na Roma antiga e na Grécia, os cultos a Saturno, Baco (Roma) e Dionísio (Grécia).

A partir do século 15, na Itália, foram introduzidos os bailes de máscaras, que tornaram famoso o Carnaval de Veneza.

Já o Carnaval brasileiro vem de uma festa portuguesa do século 17, o entrudo, na qual as pessoas jogavam baldes de água nos foliões.

Além do famoso Carnaval do Rio de Janeiro, outros carnavais começam a empolgar e atrair visitantes. Entre os mais animados estão os de Pernambuco e da Bahia.

Fora do Brasil, além de Veneza, também são famosos o Mardi Gras de Nova Orleans (EUA), o Carnaval de Nice, na França, e o de Colônia, na Alemanha.

A "terça-feira gorda" ou Mardi Gras é um dia muito festivo por ser o último dia em que podemos comer e beber à vontade antes da Quaresma, o período de moderação e abstinência que antecede a Páscoa cristã.

Interessante...
O Carnaval é uma data móvel, diretamente ligada à Páscoa. A Sexta-feira Santa, que antecede o Domingo de Páscoa, acontece 40 dias depois da Quarta-feira de Cinzas.

As fantasias de carnaval são sempre muito coloridas. No Brasil, por ser verão, escolhemos roupas leves para dançar e brincar.

Usamos roupas coloridas, como as de cor de laranja, que simboliza a alegria, o bom humor e a euforia. Esta cor libera os sentimentos e os movimentos naturais do corpo.

Os alimentos de cores laranja e amarela são: abacaxi, abóbora, ameixa, caju, carambola, damasco, cenoura, laranja, mamão, manga, maracujá, melão, milho, pêssego e pimentão amarelo.

Bolinho carnavalesco
a partir de 6 anos

Utensílios
- 2 bacias médias
- ralador
- *fouet* (batedor de arame)
- peneira
- forminhas de empada
- assadeira
- espremedor de frutas
- prato fundo
- forminhas de papel
- copo

Ingredientes
raspas de 2 limões
suco de 1 limão
160 gramas de farinha de trigo
1 colher de chá de fermento em pó
180 gramas de manteiga derretida
3 ovos (deixe preparado em um copo)
180 gramas de açúcar
1 tablete de chocolate branco
1 pacote de confete de chocolate colorido

Modo de preparar

1. CHAME A MAMÃE.
2. Rale a casca de 2 limões e reserve.
3. Esprema o suco do limão e reserve.
4. Peneire juntos a farinha e o fermento.
5. Acenda o forno.
6. Bata os ovos com o açúcar.
7. Junte aos poucos a farinha, a manteiga, o suco e as raspas de limão.
8. Unte forminhas de empada com manteiga e enfarinhe.
9. Encha as forminhas até a metade com a massa.
10. Coloque as forminhas em uma assadeira.
11. Leve para assar em forno médio (180 °C), até que os bolinhos cresçam e comecem a corar.
12. Quebre o chocolate branco em pedaços e coloque em uma bacia.
13. Leve para derreter no micro-ondas por 1 minuto.
14. Coloque os confetes em um prato fundo.
15. Quando os bolinhos estiverem prontos, mergulhe a parte de cima no chocolate derretido e em seguida nos confetes.
16. Ponha os bolinhos em forminhas de papel.

Gelatina Arlequim
A partir de 6 anos

Utensílios
- 4 bacias médias
- xícara de medida
- liquidificador
- fôrma de pudim
- copo

Ingredientes
1 pacote de gelatina de limão
1 pacote de gelatina de pêssego
1 pacote de gelatina de framboesa
1 pacotinho de gelatina sem sabor
1/3 de xícara de água
1 lata de leite condensado
1 lata de creme de leite
2/3 de xícara de leite
óleo e água para untar

Modo de preparar

1. Prepare as gelatinas com sabor separadamente e com a metade de água indicada na embalagem.
2. Leve para gelar cada sabor em uma bacia. Até endurecer.
3. Corte as gelatinas em cubos e reserve.
4. Coloque a água em uma bacia e polvilhe gelatina sem sabor por cima.
5. Leve ao micro-ondas por 40 segundos.
6. Coloque no liquidificador o leite condensado, o leite, o creme de leite e a gelatina derretida.
7. Pulse para misturar.
8. Passe água e óleo na fôrma de pudim.
9. Misture o creme batido com os cubos de gelatina
10. Leve para gelar.

Dica: você pode substituir as gelatinas por balinhas de gelatina ou de goma.

ofenendas

Rituais

Bruxaria

Assombração

Reunião

deuses

Proteção

adoração

FESTAS DE CRIANÇA

Criança é vida e alegria, vários povos comemoram este período da vida com um dia de festa!

Logo um novo motivo
Para toda reunião,
A festa acontecia
Por medo de assombração!

Contra a fúria dos deuses,
Bruxaria e maldição,
Contra a ira da natureza,
Sua força e destruição...

Festas e oferendas,
Rituais de adoração,
Afastavam maus espíritos
Garantindo proteção.

JAPÃO

Desde a Antiguidade os japoneses comemoram o Dia das Crianças:
o dia das meninas em março e o dia dos meninos em maio.

Festa das meninas (Hina Matsuri)
3 de março

Pela felicidade
E a saúde das meninas
Vamos montar o altar
Com a corte do imperador!
Começando pelo andar de cima...
O casal imperial
Abaixo, três damas da corte
Trazendo saquê e bolinhos
Seguem os cinco músicos
E também seus instrumentos,

Abaixo dois ministros estão:
O jovem e o ancião.
Depois os três servos bebedores,
A cerejeira e a laranjeira.
Então nos andares de baixo
O dote do casamento:
Baú, cômoda e mesas
Caixas de laca e cestas,
Pertences para a vida inteira.

Elementos tradicionais
Hina Arare: arroz frito doce.
Hishimochi: bolinhos de arroz em forma de diamante.
Chirashizushi: arroz com algas e frutos do mar.
Shirozake: saquê (bebida destilada do arroz) branco e adocicado.

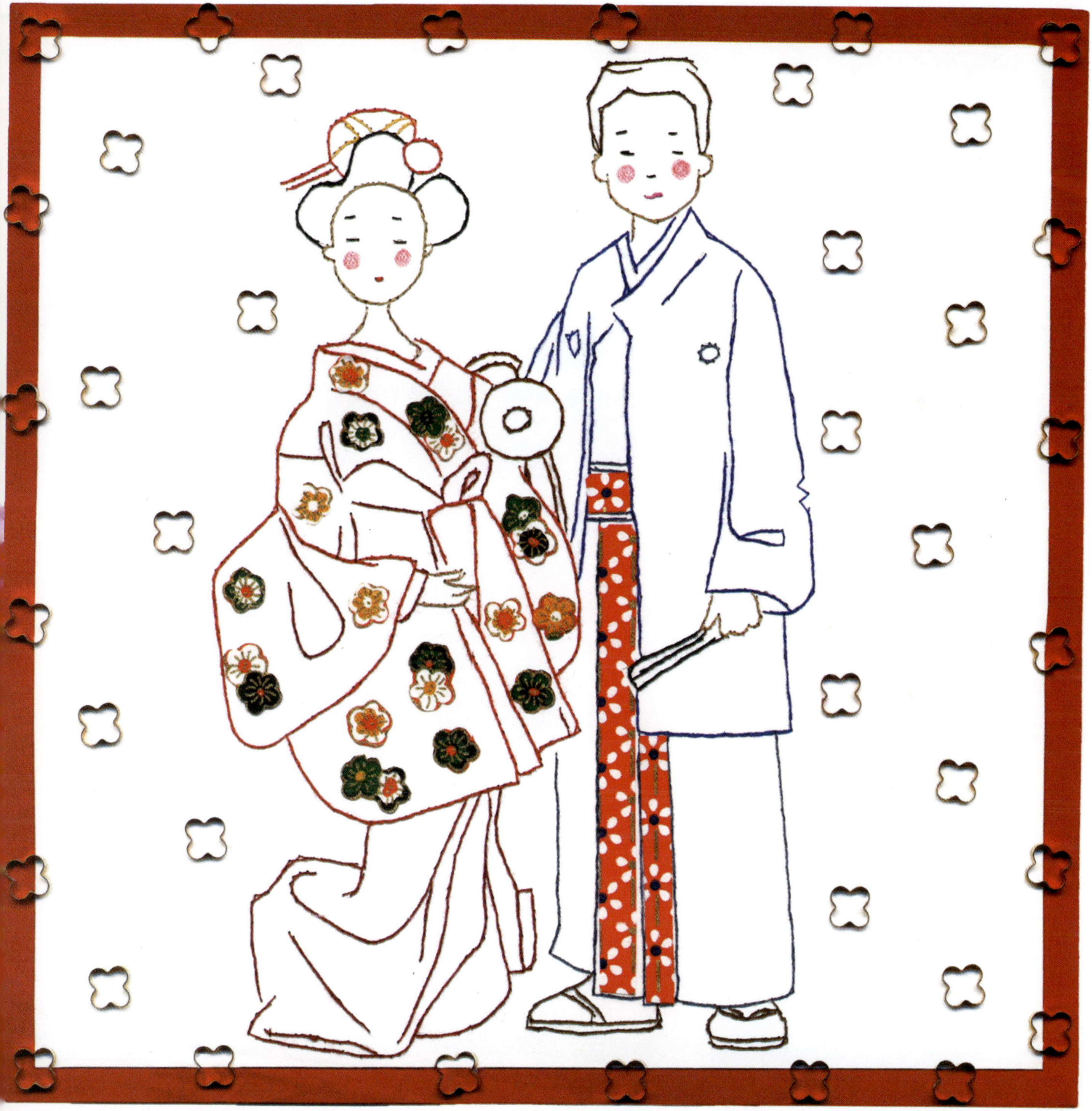

Festa dos meninos *(Tango de Sekku)*
5 de maio

O céu cada vez mais azul
Anuncia o verão.
As carpas coloridas voando
Trazem sucesso e ascensão.

Na cabeça a flor de íris,
Armadura e elmo na mão.
Assim os meninos "guerreiros"
Buscam saúde e proteção.

Elementos tradicionais
Koinobori: bandeiras em forma de carpas coloridas.
Voroikabuto: elmo e armadura.
Shobu: íris aromática.
Kashiwamochi: bolinhos de arroz embrulhados em folha de carvalho.

Você sabia?
Conta uma lenda chinesa que, certa vez, os peixes tentaram alcançar o portal do dragão, lutando para atravessar uma forte correnteza. Todos morreram no caminho. O único peixe que conseguiu subir o rio, e se transformou em um dragão, foi a carpa.

Por sua força de vontade e determinação, esse peixe se tornou símbolo de sucesso e sua imagem enfeita as casas japonesas na festa dos meninos.

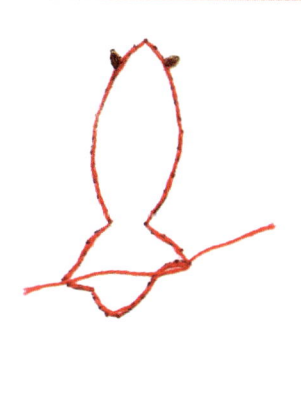

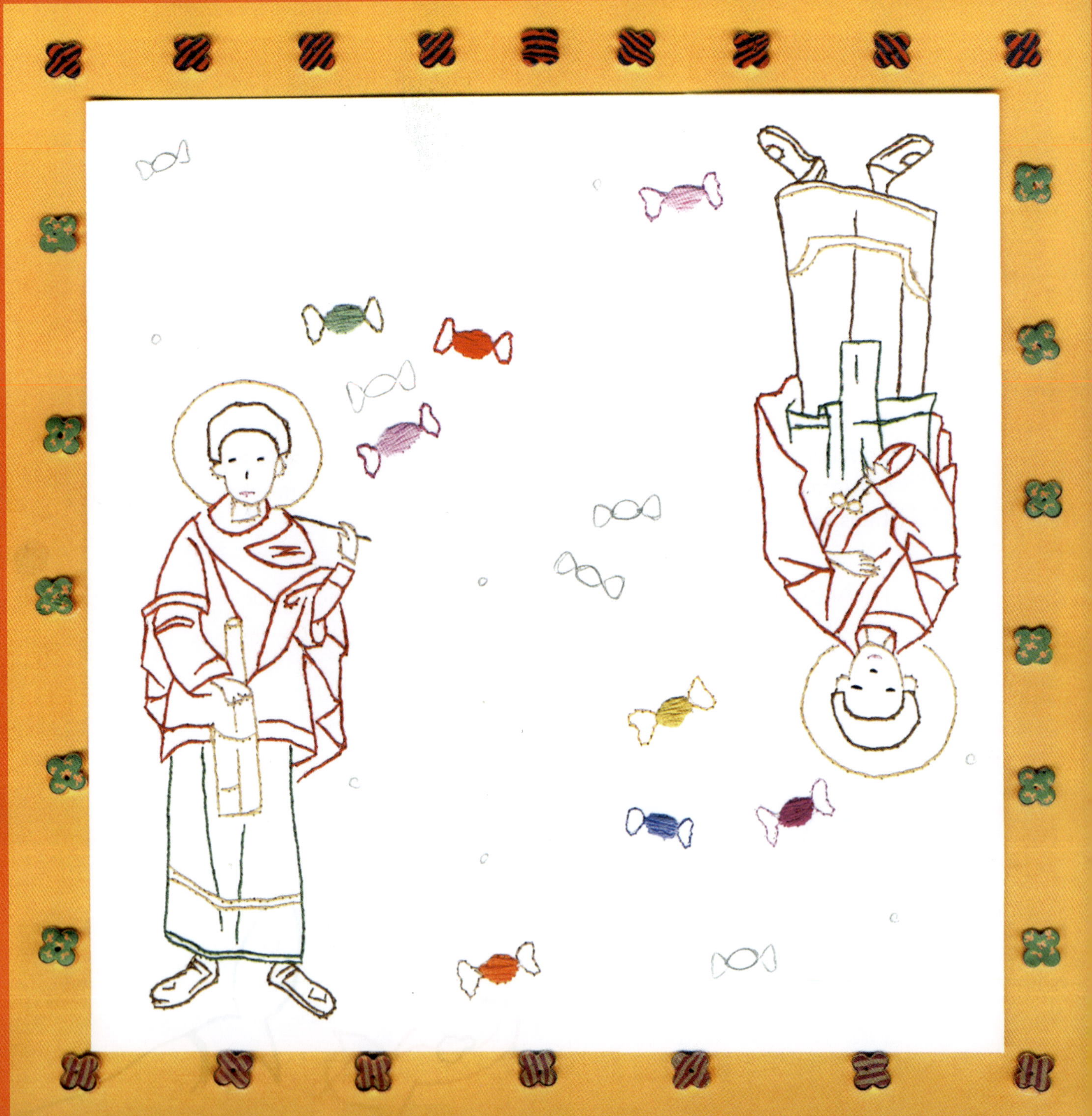

BRASIL

Cosme e Damião
27 de setembro

Se é causa perdida e não tem solução,
Faça uma oferenda para Cosme e Damião.
Caruru de mil quiabos, com dendê e camarão,
Dê balas e doces às crianças, bonecas e caminhão.
Enfeite a sua casa... com flor de papel e balão.

Você sabia?
O dia de Cosme e Damião é uma festa das crianças, dos santos gêmeos, do ibeji nagô. Do altar da igreja ao terreiro de candomblé, devotos de todas as crenças se unem para pedir proteção contra as doenças, para recuperar coisas e causas perdidas e até para casar.

Além de brinquedos, balas e doces, é costume fazer o caruru, um prato típico nordestino, e distribuir para as pessoas carentes.

Dia das Crianças
12 de outubro

Para a criança brasileira
É dia de brincadeira.

Pular corda, jogar bola,
Tomar banho de mangueira,
Ganhar presente e doce,
Brincar a tarde inteira.

Mas este dia de festa
É data abençoada,
É de toda a criançada
E também da Padroeira.

Você sabia?

No Brasil, o Dia das Crianças foi estabelecido por decreto em 1924, mas somente nos anos 1960 a data se tornou popular, graças a uma promoção da fábrica de brinquedos Estrela.

Dia 20 de novembro foi o dia escolhido pela ONU, em 1959, para comemorar o Dia Universal das Crianças.

No dia 12 de outubro também comemoramos o dia da Padroeira do Brasil: Nossa Senhora Aparecida.

ESTADOS UNIDOS

Dia das Bruxas (Halloween)
31 de outubro

Esta é a história
De Jack, o lanterneiro.
Beberrão e preguiçoso,
Irlandês e fazendeiro.

Prendeu o Diabo,
O velho faceiro,
Dentro de um saco,
Com a cruz no chaveiro.

"Não vendo a alma,
Nem por dinheiro!
Esqueça de mim,
Ou ficará prisioneiro."

O Diabo concordou
Em deixar o lanterneiro...

...Que não desceu ao inferno
E do céu não sentiu nem o cheiro.
Pelo mundo ficou vagando,
Com uma cabeça de abóbora,
O irlandês zombeteiro

Doces ou travessuras...

Interessantes

Há milhares de anos, os celtas viviam no norte da França, Irlanda e Inglaterra. Esse povo comemorava a passagem do ano no dia 31 de outubro com um festival chamado Samain. Era a passagem da estação de sol para a estação das trevas e do frio. Durante o festival, as pessoas se vestiam com peles e ossos de animais.

Os romanos festejavam a deusa dos frutos e jardins na mesma época do ano. Centenas de anos depois, a Igreja católica instituiu duas datas festivas em homenagem aos santos e aos mortos, respectivamente, nos dias 1º e 2 de novembro.

A mistura dessas festividades deu origem ao *halloween*, que passou a ser comemorado no dia 31 de outubro, utilizando vários símbolos dessas três festas: as abóboras e outras frutas outonais do festival romano; os gatos pretos, as bruxas e a magia dos celtas; os espíritos do mal, os fantasmas e os esqueletos das festas cristãs de todos os santos e finados.

No dia de *halloween* as pessoas se vestem com trajes assustadores, na maioria das vezes utilizando as cores que caracterizam essa festa: o laranja, o preto e o roxo.

Bolo de abóbora e chocolate
a partir de 10 anos

Ingredientes
Massa
400 gramas de abóbora cozida
4 ovos
3 xícaras de farinha de trigo
3 xícaras de açúcar
1 xícara de óleo
1 colher de sopa de fermento em pó

Cobertura
180 gramas de chocolate em barra
1 colher de sopa de manteiga
4 colheres de sopa de leite

Utensílios
- liquidificador
- xícara de medida
- fôrma de bolo
- bacia média
- prato com bordas

Modo de preparar
1. CHAME A MAMÃE
2. Acenda o forno.
3. Unte a fôrma com um pouco de óleo.
4. Bata todos os ingredientes da massa no liquidificador.
5. Coloque a massa na fôrma e asse em forno médio (180 °C) por 30 a 40 minutos.
6. Para fazer a cobertura, quebre o chocolate em pedaços.
7. Junte a manteiga e o leite.
8. Leve ao micro-ondas em potência máxima por 2 minutos.
9. Retire o bolo do forno.
10. Vire sobre um prato com bordas e cubra com a calda de chocolate.

Torta de cereal de arroz e marshmallow
a partir de 6 anos

Utensílios
- bacia média
- assadeira média
- xícara de medida

Ingredientes
1 pacote ou 300 gramas de marshmallow
3 colheres de sopa de manteiga
6 xícaras de cereal matinal de arroz com chocolate

Modo de preparar
1. CHAME A MAMÃE.
2. Unte a assadeira com manteiga.
3. Coloque o marshmallow e a manteiga na bacia média.
4. Leve para derreter por 3 minutos no micro-ondas em potência máxima.
5. Retire e mexa por 2 minutos.
6. Junte os cereais e misture bem.
7. Coloque na assadeira e aperte com as costas de uma colher para ficar bem compacto.
8. Deixe esfriar e corte em quadrados.

Barra mágica
de 3 a 6 anos (com ajuda de um adulto)

Ingredientes
1 e ½ xícara de cereal matinal triturado (6 xícaras batidas no liquidificador até virar 1 e ½)
½ xícara de manteiga derretida
3 colheres de sopa de açúcar
1 xícara de noz picada
1 e ½ xícara de flocos de coco
1 barra de chocolate picado (170 gramas) ou gotas de chocolate
1 lata de leite condensado

Utensílios
- bacia média
- assadeira
- xícara de medida

Modo de preparar
1. Na bacia, misture o cereal, a manteiga e o açúcar e coloque no fundo de uma assadeira.
2. Pressione a mistura com as costas de uma colher até formar uma massa.
3. Polvilhe a massa com a noz, o coco e o chocolate bem picados.
4. Despeje por cima o leite condensado.
5. CHAME A MAMÃE.
6. Leve para assar em forno preaquecido a 180 °C por 25 minutos.
7. Deixe esfriar completamente e corte em barras.
8. Guarde em embalagem fechada na geladeira.

Bolinho de arroz com queijo
a partir de 10 anos

Utensílios
- bacia média
- frigideira com borda ou panela média para fritura
- escumadeira
- 3 pratos fundos
- ralador
- xícara de medida
- garfo

Ingredientes
½ xícara de queijo prato ralado grosso
2 colheres de sopa de queijo ralado
2 ovos
1 colher de sopa de creme de leite
1 xícara de arroz pronto
sal a gosto
pimenta-do-reino
salsinha batida
farinha de rosca
óleo para fritar
papel absorvente

Modo de preparar

1. Em uma bacia média, misture os queijos, um ovo, o creme de leite e o arroz. Misture bem.

2. Tempere como preferir: com sal, pimenta-do-reino e salsinha; com ketchup, mostarda etc.

3. Faça bolinhas pequenas ou croquetes.

4. Quebre o segundo ovo em um prato fundo, junte um pouco de água e bata com um garfo.

5. Coloque farinha de rosca no outro prato.

6. Passe as bolinhas no ovo e depois na farinha de rosca.

7. Aqueça o óleo na frigideira, com cuidado para não bater no cabo.

8. Frite os bolinhos aos poucos e coloque-os para enxugar sobre um prato forrado com papel absorvente.

Dica: você pode adicionar presunto picado ou carne moída aos bolinhos. Acompanhados de uma salada, são uma boa refeição.

Caramelo de leite
acima de 10 anos

Utensílios
- tampo de mesa ou assadeira
- panela média
- xícara de medida
- papel celofane

Ingredientes
2 latas de leite condensado
2 gemas
1 xícara de glucose
1 colher de sopa de manteiga

Modo de preparar
1. Utilize um pouco de manteiga para untar um tampo de mesa ou o fundo de uma assadeira.
2. Misture todos os ingredientes na panela.
3. Leve ao fogo e mexa até soltar do fundo da panela.
4. Despeje sobre o tampo ou a assadeira untada.
5. Deixe esfriar.
6. Corte em quadrados e embrulhe em papel celofane.

Sopa cremosa de abóbora

a partir de 10 anos

Ingredientes

1 cebola média ralada
2 colheres de sopa de manteiga
300 gramas de miniabóbora cozida em cubos
1 e 1/2 xícara de água
2 cubinhos de caldo de galinha
1 xícara de creme de leite
sal e pimenta-do-reino a gosto
folhas de manjericão para decorar

Utensílios
- bacia grande
- liquidificador ou processador
- panela média
- xícara de medida

Modo de preparar

1. Coloque a cebola e a manteiga em uma panela média e leve ao fogo médio.
2. Adicione os cubos de abóbora e refogue.
3. Cubra com água.
4. Junte os cubinhos de caldo de galinha e o creme de leite.
5. Cozinhe por 15 minutos.
6. Bata no liquidificador ou processador.
7. Peneire, tempere com sal e pimenta-do-reino.
8. Coloque em pratos ou dentro de abóboras. Decore com manjericão.

amour

FESTAS DE FAMÍLIA

As grandes etapas da vida de cada ser humano são marcadas por festas. Que reúnem familiares e amigos para comemorar alianças, crescimento e mudanças.

Do alto de sua torre

Parece uma aparição,

Ele vem de um reino distante

Para pedir a sua mão.

Dois reinos

Em uma nação!

Antes da coroação,

A festa do casamento

Será uma perfeição:

Vinho, doces e frutas,

Carnes, peixes e faisão.

Mas que decepção!

Rei, rainha e princesa,

A nata da realeza

Está comendo com a mão.

Você sabia?

O casamento é mais que a união de duas pessoas, é a união de duas famílias, que resulta na fundação de uma outra, nova e única. Cada um traz de sua vida de solteiro lembranças e tradições, uma "bagagem" adquirida desde a infância, e juntos escolherão os princípios fundamentais para a família que irão formar. O casamento é universal; mesmo que existam diferenças na forma como são realizados, todos os povos se unem, se casam.

Casamento.

Deixa, menina bonita,
Eu pegar na sua mão.
Deixa eu ser seu namorado,
Dono do seu coração.

Um abraço apertado,
Um beijinho de raspão,
Quero ficar ao seu lado.
Por favor, não diga não!

Sei que estou apaixonado,
quero pedir sua mão.
Quero marcar o noivado
Com a sua aprovação.

Lá vem a noiva de branco,
Deslizando pelo chão.
Eu vou guardá-la pra sempre
Dentro do meu coração.

Recém casados

Você sabia?

Em vários países do mundo, a noiva deve trazer consigo no dia de seu casamento: algo antigo, algo novo, algo emprestado e algo azul.

O elemento antigo representa a ligação da noiva com seu passado; o que é novo é para trazer fortuna e sucesso na nova vida; alguma coisa emprestada simboliza o apoio de amigos e parentes nas horas difíceis; e o azul representa a pureza e a lealdade.

Tudo no ritual que envolve o casamento é cheio de histórias e lendas. As alianças são o símbolo mais antigo do casamento: o círculo representa a eternidade, por não ter começo nem fim. É um símbolo de compromisso e amor eterno.

Nem sempre as alianças foram usadas no terceiro dedo da mão esquerda; esse costume começou com os gregos, que acreditavam que esse dedo estava ligado diretamente ao coração por uma veia chamada de "veia do amor".

O buquê da noiva era feito de ervas aromáticas, para espantar espíritos malignos. Com o tempo, as ervas foram substituídas por flores.

No Ocidente, o vestido de noiva é branco e simboliza alegria, juventude e pureza. Já as noivas hindus se casam com vestidos vermelhos. Existem ainda aquelas que se casam com trajes tradicionais de sua cultura, como as japonesas e as africanas.

O véu da noiva é uma antiga tradição, na verdade tão antiga quanto o Velho Testamento; é da época do casamento de Jacó, que se casou com Lea, irmã mais velha de sua amada, e só descobriu que a noiva não era sua querida Raquel quando levantou o véu que cobria seu rosto.

Antigamente, e ainda hoje em muitas culturas, eram os pais que escolhiam as noivas dos filhos. O véu e a tradição de o noivo não ver a noiva antes da cerimônia garantiam que o casamento seria realizado apesar da aparência da noiva.

O bolo de casamento na Roma antiga era um pão de trigo. Para desejar votos de vida longa e muitos filhos, o pão era quebrado e jogado sobre os noivos. Depois vieram os pequenos bolos, trazidos pelos convidados, que eram empilhados entre os noivos. O casal devia se beijar sem derrubar a pilha...

Cada país desenvolveu sua própria receita para o "bolo de casamento", mas uma coisa é comum a todos: o primeiro pedaço é cortado e compartilhado pelos noivos, simbolizando o primeiro gesto da nova vida que passarão a dividir.

Superstições

• Uma pessoa solteira não deve colocar a aliança de uma pessoa casada.

• Não dá sorte o noivo ver a noiva vestida para o casamento antes da cerimônia.

• Não dá sorte, para um casal de namorados, ser padrinhos de casamento juntos: quem sobe ao altar pelas laterais não sobe pelo meio.

• Solteira que senta na cabeceira da mesa não casa.

• Quem pega o buquê da noiva é a próxima a se casar.

• Vestir o sapato da noiva depois da cerimônia ajuda a casar mais rápido.

• Se a noiva come direto na panela, chove no dia do casamento.

• Quem come o bico do pão não casa.

• Escrever o nome de com quem quer se casar na barra do vestido da noiva "empurra" a pessoa para o altar.

À MESA

Uma das tradições do casamento é a de os recém-casados oferecerem um jantar para seus pais e padrinhos logo depois da lua de mel. Uma das preocupações que a nova dona de casa terá nesse dia, além do cardápio, será a arrumação da mesa.

Você sabe que à mesa
Cada coisa tem seu lugar.
Mas você não tem certeza,
E acha que vai errar?
Deixe tudo uma beleza,
Pergunte à fada do lar!

Eis aqui o segredo
Que a fada vai te contar:

Em frente à cadeira, o prato;
À esquerda o garfo vai estar;
À direita faca e colher,
E o guardanapo vai acompanhar.

Acima do prato, à direita,
Os copos você vai colocar,
A água, o tinto e o branco,
É a ordem pra não errar.
E à esquerda dos copos,
Esperando o fim do jantar,
Talheres para a sobremesa!

Se o serviço for à francesa,
Você deve decorar...
Pela esquerda o que entra na mesa,
Pela direita o que vamos retirar.

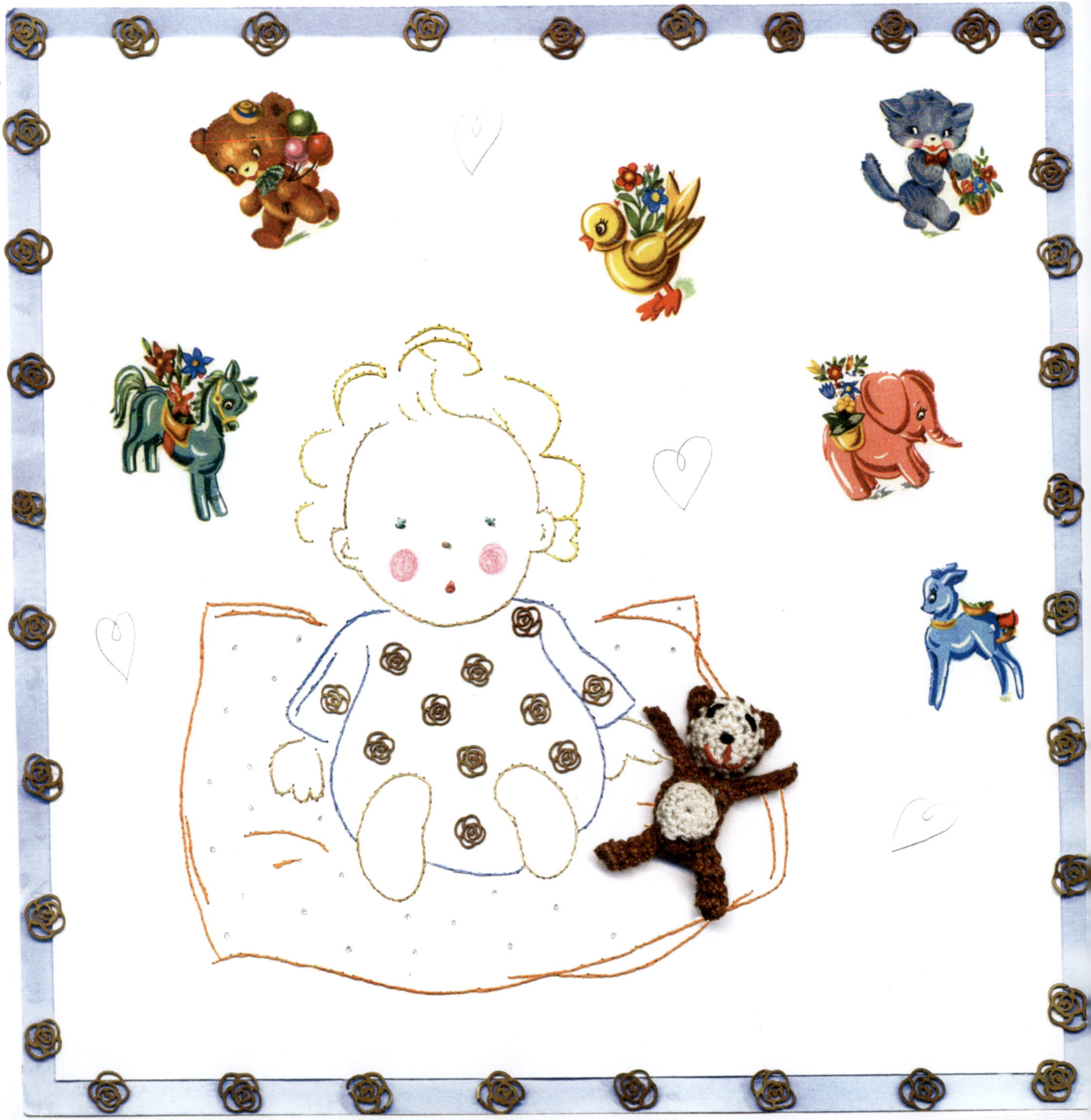

Nascimento

Em um mundo só seu,
Cheio de amor e conforto,
Protegido em meu corpo,
Nove meses você viveu.

Vou te trazer para a luz
E te envolver com carinho.
A trilha sonora da vida
É seu primeiro chorinho

Olho seu rosto perfeito
E sua mão pequenina,
Te aperto contra o meu peito,
Te amo, menino ou menina!

Superstições

O sonho de felicidade, que começa com o encontro de duas pessoas que se amam, passa pela decisão de se casar e fundar uma família e se concretiza com a chegada de um filho.

Todo esse processo mágico da criação ao nascimento, da espera até a chegada dessa vida tão querida, é cercado de superstições. Por exemplo: a gravidez só deve ser anunciada depois do terceiro ou quarto mês.

Aniversário

Tem cheirinho de festa,
De brigadeiro e bexiga.
Tem corre-corre na casa
E brincadeira à beça...

É seu aniversário,
Você é o centro do mundo,
Você é o miolo da flor,
É a luz da estrela.
Todos te cercam de amor.

Hoje você é princesa
E fica um ano mais velha.
Todos em volta da mesa
Cantam a velha canção
Enquanto você sopra a vela.

Hoje é você o herói,
A festa é toda sua.
A casa toda enfeitada,
Chegam amigos, parentes.
É hora do parabéns,
Depois o bolo e os presentes!

Parabéns

Você sabia?

Antigamente se acreditava que, no dia do aniversário, anjos malignos vinham "roubar" o espírito do aniversariante. Por essa razão, amigos e parentes cercavam a pessoa para protegê-la. Presentes e votos de sorte eram espalhados em volta do aniversariante para afastá-lo do mal.

Na Grécia antiga os aniversariantes levavam uma oferenda ao templo de Artemisa, a deusa da Lua: um bolo redondo representando a lua cheia. Acredita-se que a origem da vela de aniversário também seja grega. Uma vela era colocada sobre o bolo ofertado para Artemisa, imitando o brilho e a luz da Lua.

Alguns povos acreditavam que a luz espantava os maus espíritos e outros achavam que a fumaça levaria seus desejos até o céu.

Hoje em dia as pessoas sopram a vela de uma só vez para que seus pedidos se realizem.

Em todo o mundo as pessoas festejam os aniversários, mas, na história de cada povo, há registro de várias tradições:

ÁFRICA – Em muitas nações africanas, as cerimônias de iniciação para grupos de crianças da mesma idade tomam o lugar das festas de aniversário. Quando a criança atinge uma certa idade, ela aprende as leis, crenças, costumes, músicas e danças de seu grupo cultural.

ÁFRICA DO SUL – Aos 21 anos, o aniversariante recebe de seus pais uma chave de papel-alumínio, de prata ou até mesmo de ouro, simbolizando que já está pronto para abrir a porta de seu futuro.

BRASIL – Um puxão de orelha para cada ano de vida.

CANADÁ – Passam manteiga no nariz do aniversariante, para que a falta de sorte escorregue e vá embora.

CHINA – No almoço, é servido o macarrão tradicional chinês para desejar vida longa ao aniversariante, que recebe dinheiro de presente.

DINAMARCA – Uma bandeira é posta na janela da casa e os presentes são espalhados em volta da cama para que a pessoa os encontre ao acordar.

EQUADOR – Vestido cor-de-rosa para as meninas que festejam seus 15 anos. O pai coloca na aniversariante seus primeiros sapatos de salto alto e dança com ela uma valsa, cercados por 14 casais de jovens.

ESCÓCIA – A criança recebe uma libra para cada ano de sua vida e uma a mais para dar sorte. Recebe também uma beijoca no bumbum para cada ano.

HOLANDA – cinco, dez, quinze, vinte, 21 são anos coroados e o aniversariante ganha um presente especial, maior que os dos outros anos. A família decora a cadeira da pessoa com flores e bolas.

ÍNDIA – As crianças festejam seus aniversários até 16 anos, levando flores ao templo e recebendo uma bênção especial. O aniversariante usa roupas coloridas e distribui chocolates na escola com a ajuda de seu melhor amigo.

IRLANDA – A criança dá tantos pulos quantos forem os anos que festeja e um a mais para dar sorte.

ISRAEL – O aniversariante fica sentado em uma cadeira, que é erguida quantas vezes forem os anos que comemora e uma vez a mais para dar sorte.

JAPÃO – O costume é usar roupas novas. Alguns anos se comemoram de maneira especial, com presentes e roupas que marcam a data.

VIETNÃ – Todas as pessoas festejam seus aniversários no ano-novo. Na primeira manhã do ano, as crianças recebem os parabéns e envelopes que contêm o "dinheiro da sorte". O dia do nascimento não tem muita importância para esse povo. As pessoas comemoram o símbolo do calendário lunar do ano em que nasceram. Outros países orientais também adotam o aniversário de todas as pessoas na época do ano-novo.

MÉXICO – Uma *pinhata* feita de papel e cola, geralmente no formato de um animal, é recheada de pequenos presentes e balas e erguida por uma corda. O aniversariante tem seus olhos vendados e deve bater na *pinhata* até quebrá-la para depois dividir os prêmios com todos.

NEPAL – As crianças recebem uma marca no rosto feita com creme de arroz e corante.

NOVA ZELÂNDIA – Enquanto todos cantam, bem alto, a canção de aniversário, o aniversariante recebe tantos tapas quantos forem seus anos de vida.

Bem-casado
a partir de 10 anos

Ingredientes

Calda
1 xícara de açúcar
1/3 de xícara de água
1 colher de chá e essência de baunilha

Massa
4 ovos (claras separadas das gemas)
8 colheres de sopa de açúcar
8 colheres de sopa de farinha de trigo

Recheio e cobertura
1 lata de doce de leite pastoso
2 xícaras de açúcar de confeiteiro

Utensílios
- panela pequena
- assadeira grande
- papel-manteiga
- prato fundo
- bacia média
- bacia pequena
- batedeira
- grelha do forno
- papel celofane, papel crepom e fitinha (para embrulhar)

Modo de preparar

1. Prepare primeiro a calda, levando ao fogo a água e o açúcar. Deixe ferver por 5 minutos.

2. Retire do fogo, junte a baunilha.

3. Reserve.

4. Acenda o forno.

5. Coloque as claras e a metade do açúcar na bacia média.

7. Bata até ficar branco e formando picos. Reserve.
8. Bata as gemas com o açúcar restante até obter um creme esbranquiçado e grosso.
9. Junte a farinha delicadamente e, em seguida, as claras em neve.
10. Forre a assadeira com papel-manteiga.
11. Utilize uma colher de chá para pingar bolinhos de massa na assadeira. Deixe bastante espaço entre os bolinhos e tente fazer todos iguais.
12. Leve para assar em forno médio (180 °C) até que comecem a corar.
13. Retire os bolinhos do forno e solte-os da assadeira.
14. Junte os bolinhos, dois a dois, como um sanduíche, recheando com doce de leite pastoso.
15. Coloque o açúcar de confeiteiro em um prato fundo.
16. Passe os bem-casados, rapidamente, pela calda de baunilha.
17. Passe em seguida no açúcar e passe a mão para retirar o excesso.
18. Deixe os doces secando sobre uma assadeira na grelhado forno, até formar uma casquinha.
19. Embrulhe em papel celofane e depois faça presentinhos com papel crepom e fitinha.

Dica: você pode rechear seus bem-casados com brigadeiro, cocada cremosa, doce de ovos, goiabada pastosa ou a geleia de sua preferência.

Olho de sogra
a partir de 10 anos

Ingredientes
ameixa-preta seca (sem caroço)
1 xícara de água
400 gramas de açúcar
½ xícara de leite de coco
5 gemas
1 ovo
1 xícara de coco ralado
açúcar cristal

Utensílios
- panela média
- xícara de medida
- 2 pratos fundos
- faca sem ponta
- forminhas de papel

Modo de preparar
1. Corte a ameixa ao meio sem separar as duas partes e reserve em um prato fundo.
2. Leve a água e o açúcar ao fogo até que comece a engrossar.
3. Retire do fogo e junte o leite de coco, o ovo, as gemas e o coco ralado. Misture bem.
4. Volte ao fogo, mexendo devagar, e cozinhe até soltar do fundo da panela.
5. Retire do fogo e deixe esfriar.
6. Faça bolinhas e recheie cada ameixa.
7. Coloque o açúcar cristal em um prato fundo e passe os olhos de sogra.
8. Coloque em forminhas de papel.

Bicho de pé
a partir de 10 anos

Ingredientes
2 latas de leite condensado
2 colheres de sopa de farinha de trigo
2 colheres de sopa de leite em pó
corante alimentar
açúcar para enrolar
manteiga para enrolar

Utensílios
- panela média
- prato fundo

Modo de preparar
1. Coloque na panela todos os ingredientes, menos o corante e o açúcar.
2. Misture bem e coloque o corante alimentar.
3. Leve ao fogo baixo, mexendo sem parar, até começar a ver o fundo da panela.
4. Retire do fogo e deixe esfriar completamente.
5. Coloque o açúcar no prato fundo.
6. Passe um pouco de manteiga nas mãos.
7. Faça bolinhas e passe no açúcar.

Dica: você pode passar seus docinhos em granulado colorido e colocar em forminhas de papel.

Papo de anjo
A partir de 10 anos

Utensílios
- bacia média
- batedeira
- forminhas de empadinha
- assadeira grande
- panela funda
- xícara de medida
- compoteira

Ingredientes
4 xícaras de açúcar
3 xícaras de água
2 colheres de chá de essência de baunilha
manteiga para untar
12 gemas
1 clara

Modo de preparar

1. Coloque o açúcar e a água em uma panela funda e leve ao fogo.
2. Deixe ferver até o ponto de calda.
3. Junte a baunilha e abaixe o fogo.
4. Unte as forminhas com manteiga.
5. Acenda o forno a 180 °C.
6. Bata as gemas e a clara até ficarem brancas e espumosas.
7. Coloque este creme nas forminhas sem encher demais.
8. Coloque as forminhas na assadeira e leve para assar, em forno médio, até crescer, entre 15 e 20 minutos.
9. Volte a calda para o fogo baixo.
10. Desenforme os papos de anjo e jogue-os na calda.
11. Deixe os papos de anjo cozinhando na calda até ficarem brilhantes.
12. Coloque os papos de anjo e a calda em uma compoteira. Guarde-os na geladeira.

Bolo de aniversário
a partir de 6 anos

Utensílios
- liquidificador
- copo medida
- assadeira média

Ingredientes
Massa
3 ovos inteiros
2 copos de açúcar
3 colheres de sopa de manteiga
1 copo de leite
2 copos de farinha de trigo
1 colher de sopa de fermento em pó

Cobertura
1 pacote grande de coco ralado
1 lata de leite condensado

Modo de preparar

1. Bata no liquidificador todos os ingredientes da massa, menos a farinha de trigo e o fermento.
2. CHAME A MAMÃE.
3. Acenda o forno a 200 °C.
4. Unte uma assadeira média com manteiga.
5. Quando os ingredientes estiverem bem misturados, adicione a farinha e bata mais um pouco.
1. Junte o fermento e pulse só para misturar.
2. Coloque a massa na assadeira.
3. Asse por 20 minutos.
4. Misture o coco ralado e o leite condensado.
5. Retire o bolo do forno e cubra com a cobertura.
6. Volte o bolo por 5 minutos ao torno apagado, para secar.

Dica: você pode cobrir seu bolo com outras coberturas: geleia, doce de leite, brigadeiro, chocolate etc.
Você pode ainda cortá-lo em quadrados, embrulhar em papel-alumínio e guardar em uma caixa decorada

Exoterismo   candomblé
catolicos   judeus   Budistas crentes   hindus
muçulmanos   espiritismo
         Ateus
Anglicanos

Festas religiosas

Fim dos deuses pagãos,
Das danças à luz da Lua
E oferendas ao vulcão.
Dos ritos de fertilidade
Na mudança da estação!

A cada povo o seu credo,
Seus deuses de predileção:

São os santos cristãos,
A Divina Trindade,
As preces à luz de velas,
O altar e a procissão.

As divindades hindus,
Rios e animais sagrados.

O Deus dos templos dourados
E o profeta do alcorão.

O Criador e Moisés,
Princípio e libertação.

E para muitos o Buda
Em eterna meditação.

Nada é maior que a fé,
A crença e a devoção.
O calendário é marcado
Por festas de religião.

Páscoa

O dia é especial,
Festa em família,
Brincadeiras no quintal,
Comidas gostosas,
É o domingo pascal.

Depois do almoço...
A caça aos ovos é lançada
Para a paz dos adultos
E alegria da criançada.

Coelhinho branquinho
Escondeu para nós
Ovos coloridos
No jardim dos avós!

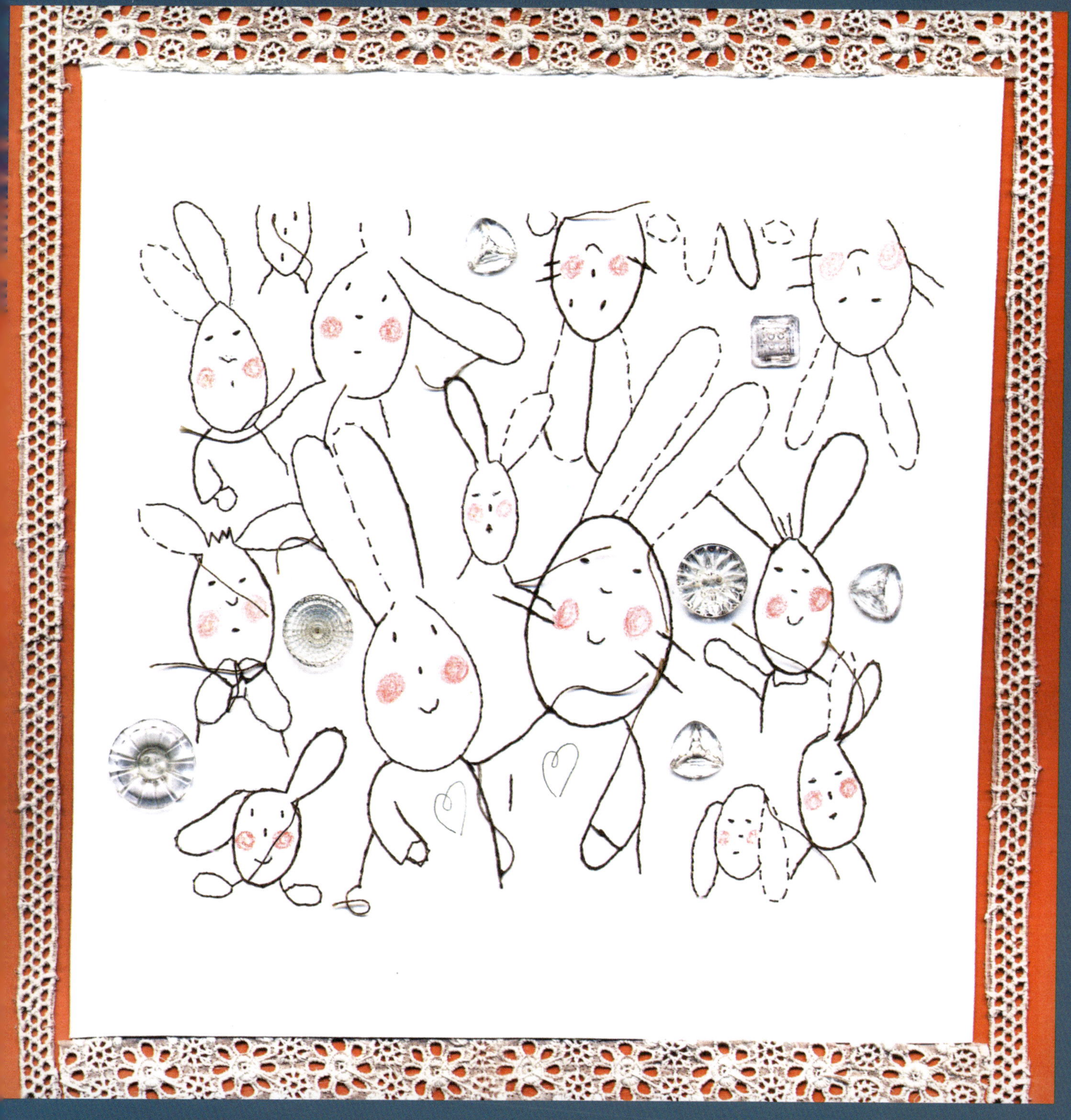

Você sabia?

A Páscoa simboliza a passagem...
Conta uma lenda celta que a filha da deusa Easter tinha sido aprisionada no inferno e somente uma vez por ano ela voltava à Terra. Esta data coincidia com a passagem do inverno para a primavera e era muito festejada.

Pessach, a Páscoa judaica, é uma das mais importantes festas do calendário judaico. Celebrada por oito dias, comemora a passagem do povo judeu da escravidão para a liberdade.

Para os cristãos, a Páscoa celebra a passagem de Cristo da morte para a vida eterna. Jesus morreu na sexta-feira, no início da Páscoa judaica, e ressuscitou no domingo.

Os dois símbolos mais importantes da Páscoa, os ovos e o coelho, estão ligados à fertilidade e à vida, e já existiam nas festividades pagãs do início da primavera.

Na Europa, outro símbolo pascal é o sino. Antigamente, todos os dias, os sinos das igrejas chamavam os fiéis para a missa. Na Semana Santa, quando se festeja a última ceia, a prisão e a morte de Jesus, os sinos se calam na quinta-feira e só voltam a tocar no domingo, celebrando a sua ressurreição. Segundo uma lenda popular, durante esses dias os sinos vão para Roma, onde são abençoados e de onde trazem ovos, galinhas, pintinhos e coelhos de chocolate, que vão caindo pelo caminho de volta para casa, para a alegria das crianças!

Interessante...

Os ovos escondidos no jardim, os ninhos, as cestas forradas de palha com lindos ovos coloridos... A Páscoa tem as cores da primavera, mesmo que, no nosso hemisfério, seja outono.

Os alimentos de cor verde, em geral, são ricos em vitaminas e fibras. Abacate, abobrinha, acelga, alface, quiabo, repolho, salsa, agrião, pimentão verde, brócolis, chicória, vagem, couve, kiwi, ervilha espinafre, limão, pepino, rúcula, escarola e manjericão são alguns desses alimentos.

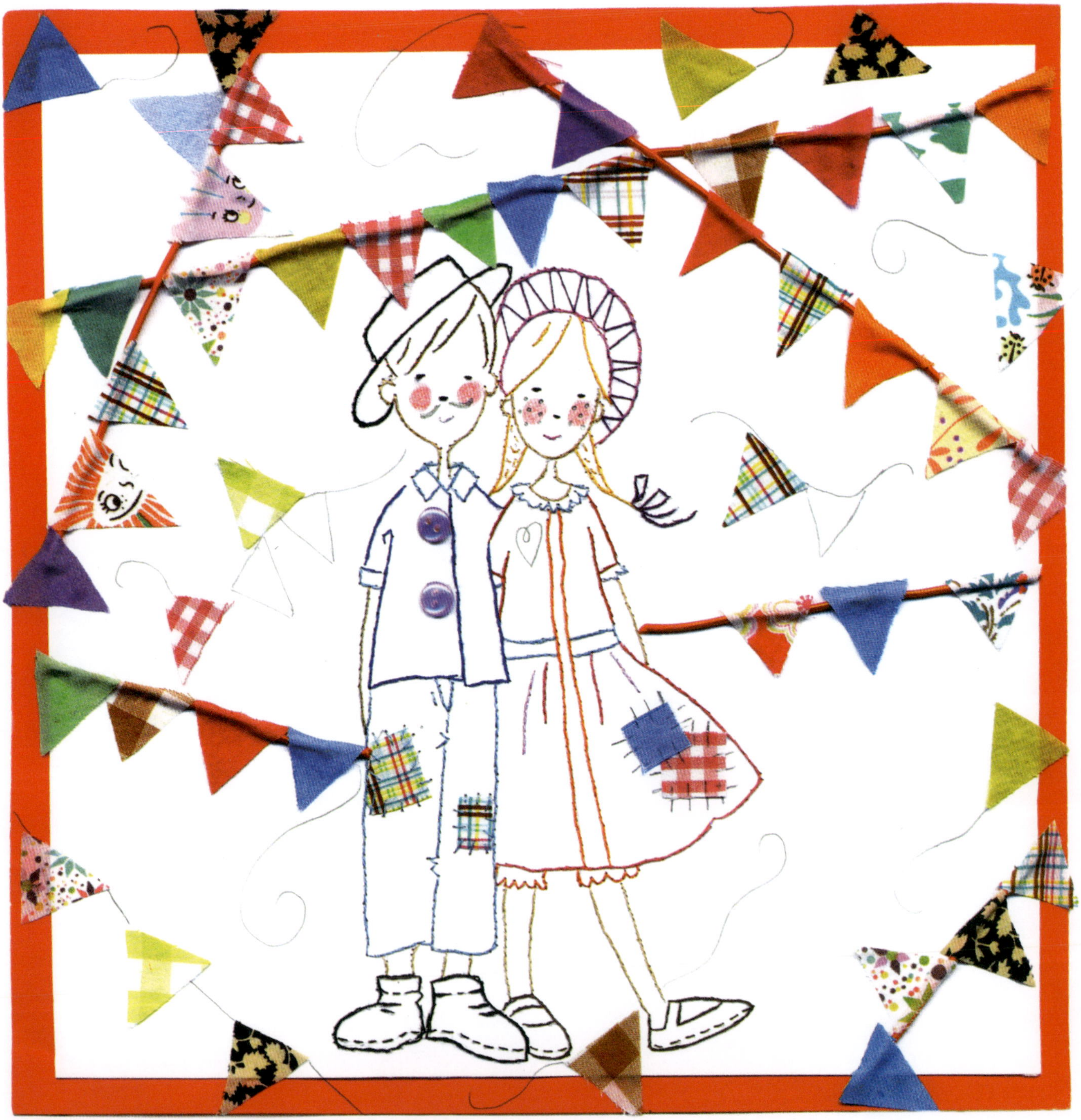

São João

Quando chegar a colheita
Dos milhos de São João
Eu quero ver as espigas
Estourando pelo chão,
Fazendo muita pipoca,
Alegrando a multidão.
Pudins, pamonhas, canjicas,
Curau, broa e mungunzá...
De tudo eu quero um pouco,
De tudo eu quero provar.
Acenda logo a fogueira
E prepare um bom quentão.
Escolha a moça mais bela
Entre todas do salão
Para dançar a quadrilha,
Ao som da velha sanfona,
Rodopiar pelo chão!

Você sabia?

Junho é festa em todo o Brasil, principalmente no Nordeste. Fogueiras, danças típicas e simpatias acompanham bebidas quentes e doces e os pratos feitos com milho, goma de mandioca, batata-doce e pinhão. São as festas juninas que homenageiam Santo Antônio (dia 13 de junho), São João (dia 24 de junho) e São Pedro (dia 29 de junho). No Brasil, as festividades de junho vieram com os portugueses e se adaptaram ao princípio do nosso inverno, quando a terra é preparada para o cultivo.

A fogueira de São João
Retirados os produtos das lavouras para o inverno, queimava-se o solo para afugentar os maus espíritos. Essa é possivelmente uma das origens da fogueira de São João.

A outra lenda que envolve a fogueira de São João vem da Bíblia e conta que Isabel, a prima da Virgem Maria, que esperava um filho, prometeu que no dia do nascimento, se fosse um menino, ela acenderia uma grande fogueira. Ela cumpriu a promessa, era dia 24 de junho e o menino se chamou João Batista.

Natal

A noite é feliz
Nasceu o menino,
Brilham as luzes,
Batem os sinos

Tem festa no ar,
Presépio na entrada.
Peru para a ceia,
A árvore enfeitada

Ding! Dong!
Mas que beleza!
Trazendo surpresas.

Já é meia-noite.
Todos à mesa.
Abrir os presentes?
Depois da sobremesa.

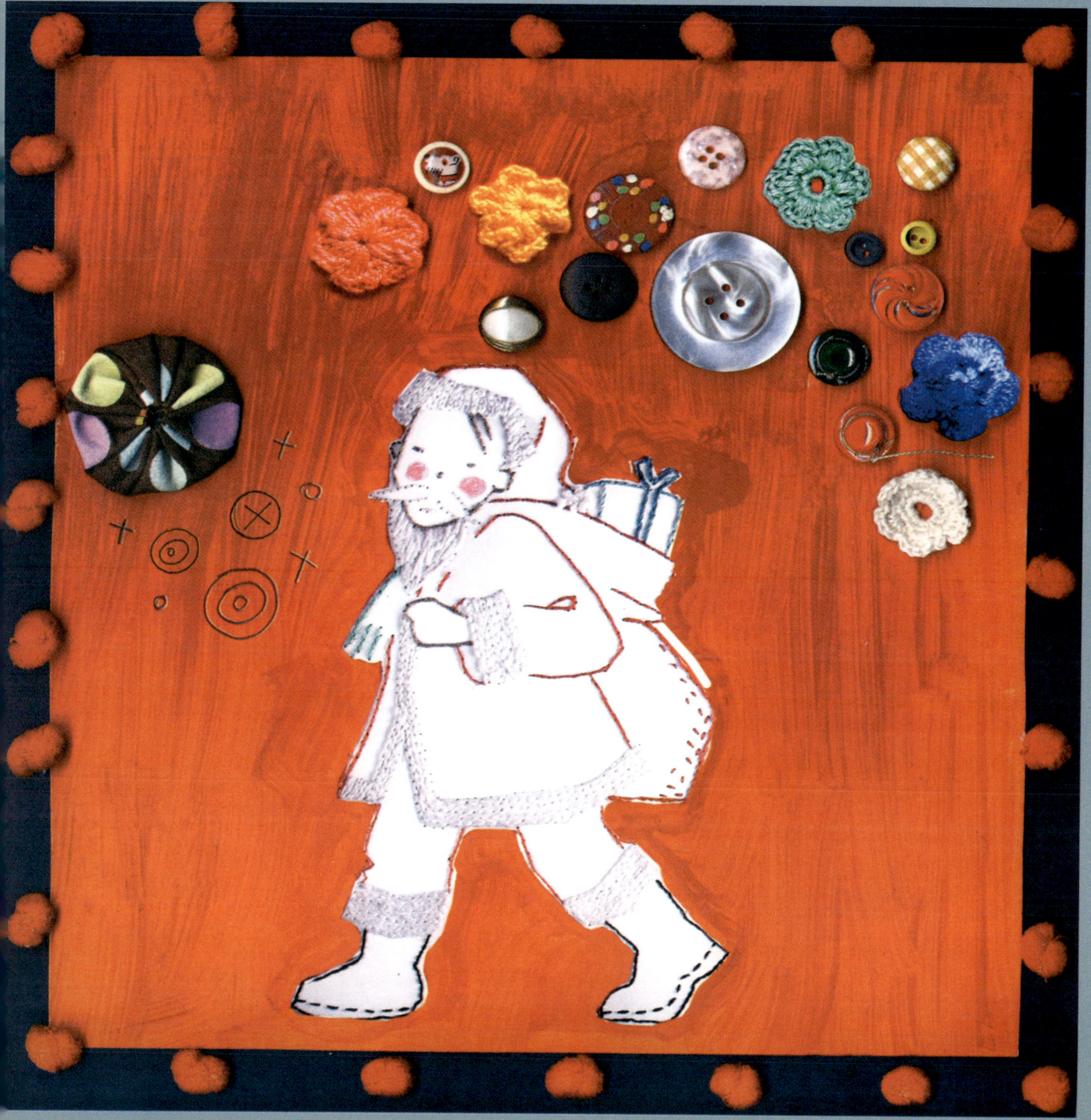

Você sabia?

O Natal como o conhecemos, no dia 25 de dezembro, é a data em que comemoramos o nascimento de Jesus e só foi oficializado no ano de 354. Antigamente essa data marcava o início do inverno europeu e, como toda mudança de estação, era cheia de festejos e de lendas...

Pelo mundo...

Várias são as festas e os santos que alegram o fim do ano das crianças em todas as partes do mundo.

No mês de dezembro, os judeus festejam *hanuca*, a festa das luzes. As crianças russas recebem presentes de Babouska, a lendária vovó russa, na noite de 31 de dezembro.

Catalães e belgas esperam, em 11 de novembro, as guloseimas de São Martin.

Para os ingleses, é São Tomás quem distribui balas e doces em 21 de dezembro.

Para uma grande parte dos pequeninos do planeta, é na noite de 24 para 25 de dezembro que o "bom velhinho" voa pelo mundo para deixar presentes para as crianças embaixo das árvores de Natal, dentro das meias ou na beirada das camas.

Ele não conhece fronteiras: Father Christmas, na Inglaterra; Santa Claus, nos Estados Unidos; Nikolaus, na Alemanha; Babbo Natale, na Itália; Père Noel, na França; e, para nós, Papai Noel.

Dizem que o ancestral de Papai Noel é São Nicolau, um bispo que viveu na Turquia trezentos anos antes de Jesus. Ele é o protetor das crianças.

Conta uma lenda que três moças muito pobres não tinham dinheiro para oferecer como dote e se casar. Por essa razão estavam condenadas a ter uma vida de trabalho e sofrimento. Certa noite, fazia muito frio e elas penduraram suas meias molhadas para secar na lareira. No dia seguinte, as meias estavam cheias de dinheiro, e elas puderam enfim se casar com seus amados, graças a São Nicolau.

São Nicolau

Se você foi bonzinho
E vem chegando o Natal,
Pendure o seu sapatinho
E espere por São Nicolau.

No dia 6 de dezembro
Ele carrega seu asno
Com doces e muitos brinquedos.
Vem voando pelo céu
Com sua roupa vermelha
Igual a Papai Noel.

Antes de ir para a cama,
Deixe algumas cenouras
E um copo de leite quente
Para o santo e seu burrinho.
No dia seguinte bem cedo
Você achará seu presente.

Mas não tente enganar
Este São Nicolau.
Porque ele escreve em seu livro
Quem foi bom, quem foi mau.

Tradições alimentares
Nossa festa de Natal guarda as tradições do inverno do hemisfério Norte. Ainda decoramos as árvores com neve artificial e servimos pratos europeus em nossa ceia...

Da Itália, o *pandoro* e o panetone.

De Portugal, o bolo-rei e as rabanadas.

Da Alemanha, o *stollen*, pão de frutas tradicional.

Os pratos que compõem a ceia natalina são, curiosamente, os mesmos em quase todo o mundo: peru assado com frutas, presunto, doces de castanhas, brioches, frutas secas, chocolates etc.

Na Inglaterra, o *Christmas pudding,* bolo de frutas secas, é preparado, tradicionalmente, seis semanas antes do Natal. Cada membro da família, do mais moço ao mais velho, coloca um ingrediente e mexe a massa no sentido horário, simbolizando a união da família.

No sul da França, 13 pratos diferentes compõem a sobremesa tradicional, a maioria feita com frutas cristalizadas, frutas secas, chocolate e um pão doce feito com azeite de oliva, chamado *pompe*. Os 13 pratos lembram Jesus e seus 12 apóstolos.

Interessante...

Assim como a roupa de Papai Noel, os enfeites, as fitas, a decoração dos pratos e algumas frutas que servimos no Natal são vermelhas.

Acredita-se que as roupas de Papai Noel eram de cor marrom até quando uma conhecida marca de refrigerantes fez uma campanha publicitária, na qual o bom velhinho aparecia vestido com as cores do produto: vermelho e branco.

O vermelho é a cor do sangue e está ligado à vida, à coragem, à conquista e ao perigo.

Entre outros alimentos "vermelhos", encontramos: beterraba, caqui, cereja, acerola, framboesa, goiaba, melancia, morango, pimentão, pitanga, romã e tomate.

Pipocas diferentes
a partir de 6 anos

Utensílios
- panela grande com tampa
- panela pequena
- medidores
- faca
- fôrma

Para fazer pipocas diferentes, você vai precisar de pipoca já estourada e vários ingredientes que irão mudar o sabor e até a forma das pipocas. Veja a seguir.

Pipoca pink

Ingredientes
1 xícara de xarope de groselha
3 colheres de sopa de açúcar
milho para pipoca e óleo ou pipoca de micro-ondas

Modo de preparar
1. Faça uma calda em ponto de bala mole com a groselha e o açúcar.
2. À parte, estoure a pipoca.
3. Passe rapidamente na calda.

Pipoca em barra

Ingredientes
chocolate de cobertura
pipoca de micro-ondas

Modo de preparar
1. Derreta o chocolate em banho-maria.
2. Estoure a pipoca.
3. Misture os dois ingredientes.
4. Coloque em uma fôrma e aperte bem.
5. Leve para gelar por 15 minutos.
6. Corte em barras.

Pipoca aperitivo

Ingredientes
milho para pipoca e óleo ou pipoca de micro-ondas.
manteiga
queijo ralado

Modo de preparar
1. Estoure a pipoca.
2. Derreta a manteiga e junte o queijo ralado.
3. Passe a pipoca na mistura ainda quente

Paçoca de amendoim
de 3 a 6 anos

Utensílios
- liquidificador ou processador
- fôrma ou prato

Ingredientes
125 gramas de amendoim torrado
125 gramas de xerém de castanha
1 pacote de bolacha de maisena sabor chocolate
1 lata de leite condensado

Modo de preparar
1. Triture o amendoim, o xerém e a bolacha.
2. Misture o leite condensado.
3. Ponha em uma fôrma ou prato.
4. Aperte bem.
5. Leve para a geladeira por uma hora.
6. Corte em quadradinhos.

Bolo de frutas
acima de 6 anos

Utensílios
- bacia média
- bacia pequena
- batedor ou *fouet*
- peneira
- prato fundo
- fôrma de bolo inglês
- papel-alumínio

Ingredientes
175 gramas de manteiga

125 gramas de açúcar

2 colheres de sopa de essência de baunilha

3 ovos

100 gramas de frutas cristalizadas em quadradinhos

100 gramas de uva-passa

cereja em calda picada

250 gramas de farinha de trigo

2 colheres de chá de fermento em pó

Modo de preparar

1. Em uma bacia média, coloque a manteiga para derreter no micro-ondas por 1 minuto, em potência máxima.
2. **CHAME A MAMÃE.** Acenda o forno a 200 °C.
3. Junte o açúcar, a baunilha e os ovos e misture com o batedor.
4. Coloque as frutas, a calda da cereja e um pouco de água na bacia pequena e leve por 45 segundos ao micro-ondas.
5. Escorra as frutas sobre um prato fundo.
6. Junte o caldo à mistura.
7. Polvilhe uma colher de sopa de farinha de trigo sobre as frutas e balance para misturar.
8. Junte a farinha de trigo e o fermento.
9. Misture bem.
10. Despeje as frutas na massa e mexa, delicadamente.
11. Leve para assar em fôrma forrada com papel-alumínio, por 50 minutos, em forno alto.

Panqueca de batata
a partir de 10 anos

Ingredientes
400 gramas de batatas cozidas (3 batatas grandes)
½ xícara de creme de leite
2 colheres de sopa de manteiga
1 pacotinho de fermento biológico
1 xícara de farinha de trigo
sal a gosto
1 xícara de leite
3 ovos

Utensílios
- espremedor de batata
- 2 bacias médias
- espátula de madeira
- frigideira
- xícara de medida

Modo de preparar
1. Esprema as batatas quentes em uma bacia.
2. Misture o purê de batatas com o creme de leite e a manteiga.
3. Em outra bacia, misture o fermento, a farinha e o sal.
4. Aqueça o leite no micro-ondas por 1 minuto e despeje sobre a mistura de farinha.
5. Junte as batatas e deixe descansar por 20 minutos.
6. Coloque por último os ovos e misture delicadamente.
7. Frite pequenas porções de massa dos dois lados, em frigideira untada.

Presunto de festa
a partir de 6 anos

Ingredientes
2 colheres de sopa de mostarda
1 colher de sopa de mel
1 presunto inteiro (mais ou menos 500 gramas)
200 gramas de muçarela fatiada
1 pacote de massa folhada laminada (300 gramas)
manteiga e farinha de trigo para untar
1 gema

Utensílios
- assadeira
- xícara de medida
- pincel
- bacia pequena

Modo de preparar
1. Coloque a mostarda e o mel na bacia.
2. Misture bem.
3. Passe a mistura em volta do presunto.
4. **CHAME A MAMÃE**. Acenda o forno a 200 °C.
5. Cubra o presunto com muçarela.
6. Envolva tudo com a massa folhada.
7. Aperte bem as pontas e vire para baixo para não abrir.
8. Unte a assadeira com manteiga e enfarinhe.
9. Coloque o presunto coberto na assadeira.
10. Pincele com a gema.
11. Leve para assar em forno alto por 25 a 30 minutos até corar.

Equivalências

Líquidos

xícara de medida = 250 ml ou 1/4 de litro
copo americano = 200 ml
copo de requeijão = 250 ml
xícara caseira rasa = 120 ml
½ xícara = 120 ml
1/3 de xícara = 80 ml
1/4 de xícara = 60 ml
1 colher de sopa = 15 ml
1 colher de chá = 5 ml

Chocolate em pó (cacau em pó) e maisena

xícara de medida = 110 g
1 xícara = 90 g
½ xícara = 45 g
1/3 de xícara = 30 g
¼ de xícara = 20 g
1 colher de sobremesa = 6 g
1 colher de sopa rasa = 8 g
1 colher de sopa cheia = 10 g
1 colher de chá = 3 g

Manteiga (margarina)
1 xícara = 200 g
½ xícara = 100 g
1/3 de xícara = 65 g
1 colher de sopa = 15 g

Açúcar e sal
copo = 220 g
xícara de medida = 220 g
1 xícara = 180 g
½ xícara = 90 g
1/3 de xícara = 60 g
¼ de xícara = 45 g
1 colher de sobremesa = 10 g
1 colher de sopa rasa = 15 g
1 colher de sopa cheia = 18 g
1 colher de chá = 5 g

Farinha de trigo
copo = 160 g
xícara de medida = 160 g
1 xícara = 120 g
½ xícara = 60 g
1/3 de xícara = 40 g
¼ de xícara = 30 g
1 colher de sopa rasa = 12 g
1 colher de sopa cheia = 15 g
1 colher de sobremesa = 7,5 g
1 colher de chá = 4 g

Bibliografia

BOTAFOGO, Dolores. *Salgados, bolos artísticos e doces*. São Paulo: Científica, 1955.

CASTRO LIMA, Zelinda Machado de. *Pecados da gula:* comeres e beberes das gentes do Maranhão. São Luís: CBPC, 1998.

DANTAS, Nícia Maria Valente. *Receitas de hoje e de ontem*. Salvador: [s.n.], 1978.

DUARTE, Marcelo. *A origem de datas e festas*. São Paulo: Panda Books, 2005.

FELDER, Christophe. *Exquises pâtisseries pour les fêtes*. Paris: Editions du Chêne, 1999.

FRANCO, Ariovaldo. *De caçador a gourmet:* uma história da gastronomia São Paulo: Senac, 2010.

LAROUSSE Gastronomique. Paris: Larousse-Bordas, 1998.

LOISEAU, Bernard; GILBERT, Gerard. *Trucs de pâtissier*. Paris: Hachette-MardbOllt, 2000.

Agradecimento especial a Catherine Halevy pela colaboração no desenvolvimento dos personagens.

Índice de receitas

- 28 Arroz da primavera
- 85 Barra mágica
- 106 Bem-casado
- 109 Bicho de pé
- 66 Bolinho carnavalesco
- 86 Bolinho de arroz com queijo
- 83 Bolo de abóbora e chocolate
- 112 Bolo de aniversário
- 136 Bolo de frutas
- 60 Bolo de mel
- 34 Brigadeiro de mel
- 58 Camarão empanado
- 88 Caramelo de leite
- 32 Fondue de queijo para crianças
- 68 Gelatina Arlequim
- 54 Lombinho com cereja
- 26 Montanhas da lua
- 55 Musse chip choc branco
- 108 Olho de sogra
- 135 Paçoca de amendoim
- 138 Panqueca de batata
- 110 Papo de anjo
- 35 Patê de azeitonas
- 134 Pipoca aperitivo
- 131 Pipocas diferentes
- 133 Pipoca em barra
- 132 Pipoca pink
- 139 Presunto de festa
- 56 Salada de macarrão chinês
- 33 Sanduíche papyrus
- 36 Shake de uva
- 89 Sopa cremosa de abóbora
- 84 Torta de cereal de arroz e marshmallow
- 30 Torta de frutas
- 29 Torta Tata Simone
- 37 Tortinha ensolarada